JN087874

一生おいしいお弁当

MAYA

コサエルワーク
COSAEL

はじめに

作り置き
しなければ
いけない
プレッシャーが
ある

味つけが
ワンパターン

時間がたっても
おいしいのかどうか
わからない

頭が回らない

朝、眠すぎて

お弁当作りでの、
お悩みは？

魚のおいしい
レシピが
わからない

朝から3品とか
4品とか作るの
キツい（泣）

どんな弁当箱を使えば
うまく詰められるのか
わからない

メニューが
マンネリ…

お弁当は、もっと気楽に
何を持っていってもよし！

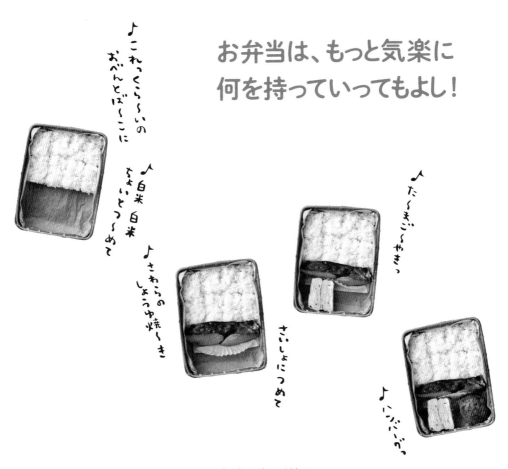

♪これっくら〜いの おべんと ば〜こに

♪ 白米 白米 ちょいと つ〜めて

♪ さわらの しょうゆ焼〜き

♪ さいしょに つめて

♪ た〜まご〜やきっ

♪ ハンバ〜グ

　毎日続くお弁当作り、できることなら気楽に楽しく続けられればうれしいですよね。おかずは4品以上入れなくちゃ、栄養にも気をつけて、酸味、塩味と味のバランスにも気を使い、彩りもほどよく……なんていろいろ考えすぎたら疲れちゃって、「お弁当作り、もうやめたい（泣）」ってなりますよね。じつは私も、見た目や彩りばかりを気にしていた時期がありました（遠い目）。でもお弁当ってそもそも特別なごはんなんかじゃなくて、家で食べているものを外に持ち出すだけ！って考えたら、気持ちがふっと楽になり、お弁当作りがとっても楽しくなりました。

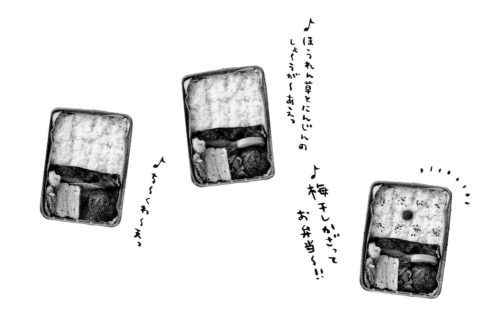

♪ほうれん草とにんじんの しょくが〜あえっ

♪梅干しかざって お弁当〜!!

♪ちょ〜くお〜ずっ

すべては 「さめてもおいしい」かどうか!

　とはいえ、毎日のお弁当作りはやっぱり大変なもの。楽に続けられるコツとして、私は前日のうちにできるところまで下準備をして(夕食の準備のついでや寝る前の時間などに)、食材を、ひとつのトレイにまとめておきます。作るメニューが決まっていて、下準備も済んでいれば、朝、寝ぼけた頭でもすぐに調理にとりかかれるのでとっても楽です。そして、やっぱりお弁当は「さめてもおいしく」ないと、ですよね。作りたてはおいしくても、食べるときに肉がカチカチ米パサパサ……なんてことにならないよう、本書のレシピでは「さめてもおいしい」にいちばんこだわっています。

この本の使い方

前日の夜にしておくと便利な
下準備にかかる目安時間です。

下準備がしてある状態で
調理をしたときの目安時間です。

前日のうちにトレイに
下準備したものと、翌日に使う食材を
のせておくと便利です。

下準備の手順です。
前日に済ませておけば
朝楽ちんです。

● 調味料の分量については、小さじ1は5ml、大さじ1は15mlです。
● 電子レンジの加熱時間は600Wを目安にしています。
● 野菜類は、とくに表記のない場合、洗う、皮をむくなどの作業を済ませてからの手順を記載しています。
● 作り方の火加減に関してとくに表記がない場合、中火で加熱してください。
● お弁当の持ち運びは、夏場などはとくに保冷をしっかりするなど、保存状態に注意してください。

もくじ はじまるよ〜

P.14 肉のお弁当

001

P.16
あんかけきのこ
親子丼

002

P.18
焼き鳥丼

003

P.20
ねぎ塩鶏弁当

004

P.22
鶏むね肉の
ゆずマヨ
から揚げ弁当

005

P.24
チューリップ
から揚げ弁当

006

P.26
手羽先の七味
しょうゆ漬け
弁当

007

P.28
ささみピザ
弁当

008

P.30
ささみ大葉
竜田揚げ弁当

009

P.32
塩昆布ささみ天
弁当

010

P.34
カオマンガイ
弁当

011

P.36
具だくさん
オムライス弁当

012

P.38
ジャンバラヤ
弁当

013

P.40
昔ながらの
ドライカレー弁当

014

P.42
豚肉の
しょうが焼き弁当

015

P.44
ピーマンの肉巻き
しょうが焼き
弁当

P.74 魚介のお弁当

034

P.86

チーズぶりカツ
弁当

035

P.88

まぐろと
たけのこ煮
弁当

036

P.90

まぐろの
和風ピカタ
弁当

037

P.92

まぐろの
にんにく竜田揚げ
弁当

038

P.94

鮭の
マヨコーン焼き
弁当

039

P.96

塩麹鮭と
擬製豆腐弁当

040

P.98

たらとじゃがいもの
ケチャップ
チリソース弁当

041

P.100

たらの
紅葉焼き弁当

042

P.102

あじの
蒲焼き丼

043

P.104

あじの
さんが焼き弁当

044

P.106

えびシュウマイと
きくらげの卵炒め
弁当

045

P.108

えびフライ
弁当

046

P.110

刺身の
ごまから揚げ弁当

P.114 **麺のお弁当**

047

P.116

サラダうどん

048

P.118

きのこと三つ葉の
うどん

049

P.120

キムチ
焼きうどん

050

P.122

ほうとう風
うどん

051

P.124

おそば屋さんの
カレー南蛮
うどん

052
P.126
ピリ辛みそ
坦々うどん

053
P.128
ラー油
たっぷり豚バラ
ねぎそば

054
P.130
冷やしぶっかけ
たぬきそば

055
P.132
なすとお肉の
旨味うどん

056
P.132
えびと春菊の
かき揚げそば

057
P.136
冷やし鶏塩
ラーメン

058
P.138
五目冷やし中華

059
P.140
中華あんかけ
焼きそば

060
P.142
肉みそ
焼きそば

061
P.144
豚バラと白菜の
こく旨あんかけ
焼きそば

062
P.146
冷麺風
豚キムチそうめん

063
P.148
エスニック
そうめん

064
P.150
揚げなすの
こく旨
そうめん

065
P.52
豚しゃぶと
香味野菜の
のっけそうめん

066
P.154
旨鶏そうめん

067

P.156
ソーセージと
ブロッコリーの
ペペロンチーノ

068

P.158
ミートボール
ナポリタン

086

P.188
ささみと梅の
冷やし茶漬け
弁当

087

P.190
干物茶漬け弁当

088

P.192
塩鮭と薬味の
茶漬け弁当

089

P.194
鯛の
塩昆布漬け
茶漬け弁当

090

P.196
鶏飯弁当

091

P.198
スパムむすび弁当
卵スープ添え

092

P.200
焼き肉屋さんの
卵スープ弁当

093

P.202
牛バラ肉と
キムチスープ弁当

094

P.204
王道キンパ

095

P.206
具だくさん
サラダ巻き

P.186 **スペシャル**

096

P.208
4種の爆弾
おにぎり
えのきだけととろろ昆布
のみそ汁添え

097

P.210
塩さばと菜飯の
おむすび弁当
車麩のみそ汁添え

098

P.214
幕の内弁当

099

P.216
いろいろ
おむすび弁当

100

P.218
寝坊した日の
ハムエッグと
キャベツ丼

MAYA推奨欄

野菜のゆで方について

ほうれん草の基本的なゆで方

鍋にたっぷりと湯を沸かし、グラグラと煮立ったところで塩を加え、茎の部分を入れて10秒ゆでる（塩は水の分量の1割程度が目安）。

葉の部分も入れてさらに10秒ゆで、冷水にとる。バター炒めなどにするときは、5秒ほど早くゆであげる。

…の経験上、お弁当に入れる野菜のいちばんおいし
…と思うゆで方、下ごしらえの仕方を紹介します。

ブロッコリーをゆでる前のひと手間

ブロッコリーを小房に分けてから、房の茎部
分の皮をそぐようにむく。包丁を入れ、下に
引っぱるようにするとむきやすいです。

茎の部分を処理することで、
子どもでも食べやすくなり、
甘みも引き立ちます！

＊その他の野菜のおいしいゆで方＊

- **スナップえんどう**…筋をとり、熱湯で1分ゆでて冷水にさっとさらす。
- **グリーンアスパラガス（細めのもの）**…根元の硬い部分を切り落とし、皮をピーラーでむき、
  熱湯で軸を入れて15秒、穂先も入れてさらに1分30秒ゆでて冷水にさっとさらす。
- **さやいんげん**…へたと折り筋をとり、熱湯で1分30秒ゆでて冷水にさっとさらす。
- **春菊**…熱湯で茎を10秒、全体を入れて30秒（炒め物にするときは20秒）ゆで、冷水にさらす。
- **チンゲンサイ**…茎から10秒、全体を入れて30秒（炒め物にするときは20秒）ゆで、冷水に
  さらす。

001-028
肉のお弁当

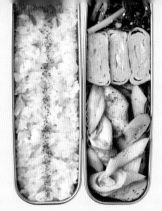

メモ

家族のいちばん人気はやっぱり、お肉が主役
のお弁当ではないでしょうか。お肉といっても
鶏肉に豚肉、牛肉に猪、鹿、鴨……などなど
たくさんありますが、とくにお弁当に向いてい
るのは、鶏肉、次に豚肉、牛肉と続きます。
さめてからもおいしさを保つには、肉の種類
や部位選び、調理法に少しの工夫が必要。
残念ながら今回は猪鹿鴨は登場しませんが、
身近なお肉を使ったおかずと、それに合う副
菜をご紹介します。

MAYA

001

下準備 **5**分　調理 **10**分

あんかけきのこ親子丼

数時間たってもおいしい秘密は、ごはんの上に敷いた
薄焼き卵。ごはんにあんかけが染み込まないんです!

材料(1人分)

ごはん…適量
鶏もも肉…150g
卵…2個
玉ねぎ…1/10個
しいたけ…1個
しめじ…20g
小ねぎ…2本
紅しょうが…適量

A だし…100ml
　 しょうゆ…50ml
　 みりん…100ml

B 片栗粉…小さじ2
　 水…小さじ2

＼ 前日の準備トレイ ／

卵／玉ねぎ／しいたけ／
小ねぎ／しめじ／鶏もも肉

下準備

・鶏肉はひと口大に切る。
・玉ねぎは薄切りに、しめじは根
　元を切り落としてほぐす。小ね
　ぎは小口切りにする。

作り方

1 しいたけは軸を切り落とし、薄
　切りにする。

2 鍋に**A**と鶏肉を入れて中火で
　熱し、鶏肉に火が通ったら玉
　ねぎ、しいたけ、しめじを加え
　て煮る。

3 具材に火がしっかり通ったら混
　ぜ合わせた**B**でとろみをつけ、
　溶いた卵を8割分流し込んで
　火を通す。残りの溶き卵で薄
　焼き卵を作る。

4 ごはんを容器に入れて薄焼き
　卵をのせ、具をかけ、紅しょう
　がと小ねぎをのせる。

ごはんの上に、薄焼き卵をぺろっと
のせます!

あんを
スープジャーに入れて
持っていくのも
オススメ

たか、、

たか、、、

002

準備 **5**分　調理 **10**分

焼き鳥丼

地味で茶色いお弁当がいちばんうまいのです。
紅しょうがのさわやかさが、またたまりません。

材料(1人分)

ごはん…適量
鶏もも肉…150g
温泉卵…1個
ねぎ…12cm
ししとう…4本
焼きのり…全形1/2枚
紅しょうが…適量
七味とうがらし…適量
サラダ油…適量

A 酒…大さじ1
〉砂糖…大さじ1
〉しょうゆ…大さじ1
〉みりん…大さじ1

\ 前日の
準備トレイ /

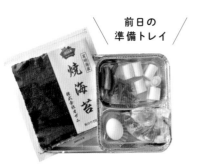

焼きのり／ししとう／紅しょうが／
ねぎ／温泉卵／鶏もも肉

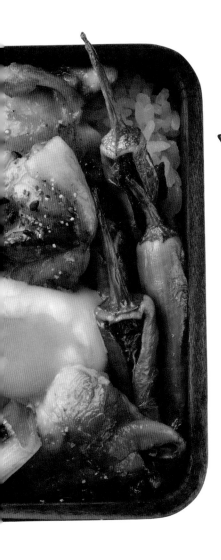

下に忍ばせるのりは
ちぎっておくと
食べやすいです

下準備
・鶏肉はひと口大に切る。
・ねぎは2cm長さのぶつ切りに
　する。

作り方
1 フライパンにサラダ油を入れて
中火で熱し、鶏肉を、皮目を
下にして焼く。皮が焼けたら裏
返し、ねぎとししとうを入れて
弱めの中火で焼く。

2 鶏肉に火が通ったら余分な油
をふきとり、再び皮目を下にし
て、混ぜ合わせた**A**を入れて
煮からめる。

3 容器にごはんを入れ、のりを
敷き、鶏肉、ねぎ、ししとうを
のせる。紅しょうがを添え、七
味を振り、食べる際に温泉卵
を割り入れる。

003

下準備 **5**分　調理 **10**分

ねぎ塩鶏弁当

片栗粉をまぶして、しっとりやわらかく仕上げた鶏むね肉に、たっぷりのねぎがおつな味。

春菊のごまあえ

材料(1人分)

春菊…2株

A 砂糖…小さじ1/2
　だししょうゆ…小さじ2
　いりごま(白)…適量

下準備

・春菊はゆでて、3〜4cm長さに切っておく。

作り方

1 ゆでておいた春菊を、**A**であえる。

\ 前日の準備トレイ /

紅しょうが／ねぎ／
春菊／鶏むね肉／卵

ちょっと甘めの卵焼き

材料(1人分)

ごま油…適量

A 卵…1個
砂糖…小さじ1
塩…少々
マヨネーズ…小さじ1

作り方

1 フライパンにごま油を入れて中火で熱し、混ぜ合わせた**A**を半量流し入れる。

2 表面が半熟状態のうちに奥から手前に卵を折りたたみ、全体を奥へ移動させる。

3 あいたスペースにごま油を薄くひき、残りの**A**を流し入れ、奥から手前に折りたたむ。

ねぎ塩鶏

材料(1人分)

鶏むね肉…150g
ねぎ…10cm
片栗粉…小さじ1
こしょう…少々
ごま油…適量

A 砂糖…ひとつまみ
塩…小さじ1/3
鶏ガラスープの素…小さじ1/2
ごま油…小さじ1

下準備

・鶏肉は**A**をもみ込んでおく。
・ねぎは斜めに切る。

作り方

1 鶏肉に片栗粉をまぶす。

2 フライパンにごま油を入れて中火で熱し、**1**の鶏肉を焼く。鶏肉に火が通ったらねぎを加え、こしょうを振って炒め合わせる。

004

下準備 5分 / 調理 10分

鶏むね肉のゆずマヨから揚げ弁当

下味をもみ込んで揚げるだけ！ ゆずこしょうが
ふんわり香る、お手軽から揚げはいかがでしょう?

鶏むね肉の
ゆずマヨから揚げ

材料(1人分)

鶏むね肉…150g
卵白…1/2個分
片栗粉…適量
揚げ油…適量

A 砂糖…小さじ1/2
マヨネーズ…小さじ1
にんにく(すりおろし)
…小さじ1/2
ゆずこしょう…小さじ1
塩…小さじ2/3

下準備

・鶏肉はひと口大に切り、**A**をも
み込んでおく。

作り方

1 鶏肉は卵白を加えてもみ込み、
片栗粉をまぶし、170℃に熱し
た揚げ油で火が通るまでからっ
りと揚げる。

\ **前日の準備トレイ** /

しそわかめふりかけ／鶏むね肉／
卵／絹さや／しめじ

しそわかめ
ごはんが
おすすめ!

絹さやとしめじの 卵とじ

材料(1人分)

卵…2個
*から揚げで使った残り+1個でも可
絹さや…3本
しめじ…20g
めんつゆ…小さじ1
塩、こしょう…少々
サラダ油…適量

下準備

・しめじは根元を切り落としてほぐす。絹さやは筋をとり、斜め半分に切る。

作り方

1 フライパンにサラダ油を入れて中火で熱し、絹さやとしめじを入れて炒める。火が通ったらフライパンの端に寄せ、あいたスペースに溶いた卵を流し込み、卵が半分ほど固まったら全体を混ぜ合わせ、めんつゆと塩、こしょうで味つけする。

005

🌙 下準備 **10**分　☀️ 調理 **15**分

チューリップから揚げ弁当

華やかなチューリップから揚げは、
遠足やハイキングでのテンションアップ、間違いなし！

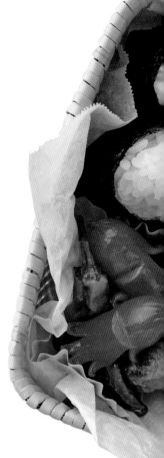

春菊とカニかまの卵焼き

材料（1人分）

カニかま…1本
春菊…1株
ごま油…適量

A 卵…1個
　〉砂糖…小さじ1/2
　〉塩…少々
　〉マヨネーズ…小さじ1

下準備

・春菊はゆでて、みじん切りにしておく。
・カニかまは細かく切っておく。

作り方

1 フライパンにごま油を入れて中火で熱し、混ぜ合わせた**A**を半量流し入れる。

2 表面が半熟状態のうちにカニかまと春菊をのせ、奥から手前に卵を折りたたみ、全体を奥へ移動させる。

3 あいたスペースにごま油を薄くひき、残りの**A**を流し入れ、奥から手前に折りたたむ。

赤ウインナーとししとうのスイチリ焼き

材料（1人分）

赤ウインナー（半分に切る）…2本
ししとう…2本
しょうゆ…小さじ1/2
スイートチリソース…大さじ1
サラダ油…適量

作り方

1 フライパンにサラダ油を入れて中火で熱し、赤ウインナーとししとうを炒め、しょうゆとスイートチリソースで味つけする。

\ **前日の準備トレイ** /

手羽先／赤ウインナーとししとう／
カニかまと春菊／卵

ソー星人の作り方

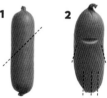

1（焼く前の）ウインナーの真ん中を斜めに切る。

2 ロの形に切り込みを入れ、点線部分にも切り込みを入れる。

チューリップから揚げ

材料(1人分)

手羽先…4本
片栗粉…適量
揚げ油…適量

A 酒…小さじ2
砂糖…小さじ1
しょうゆ…大さじ2
しょうが(すりおろし)
…小さじ1/2
マヨネーズ…小さじ2

下準備

・写真（下）の要領で、手羽先を
チューリップの形に開き、**A**を
もみ込んでおく。

作り方

1 手羽先に片栗粉をまぶし、
170℃に熱した揚げ油でじっく
りと揚げ、仕上げに高温でから
りと揚げる。

チューリップの作り方

1 手羽先の関節部分から5mm
ほど上の部分に、包丁で切
り込みを入れる。

2 両手で関節部分を持ち、半
分に折って骨を出す。

3 このように、太い骨と細い骨
2本がむき出しになる。

4 細いほうの骨をグルグルと
回すように動かして、引きち
ぎる。

5 最後に手羽先の先端部分を
包丁で切り落としたらできあ
がり!

ワレワレハ
ソー星人ダー

006

下準備 **15**分　調理 **15**分

手羽先の七味しょうゆ漬け弁当

骨の下処理が少し手間ですが、
グンと食べやすくなるからオススメのひと手間です。

手羽先の七味しょうゆ漬け

<u>材料</u>(1人分)

手羽先…4本
七味とうがらし…大さじ1

A 酒…小さじ2
　　 砂糖…小さじ1
　　 しょうゆ…大さじ2

下準備

・手羽先は骨を1本とり除き、**A**
　に漬けておく。

作り方

1 手羽先は水分をふきとり、七
　味を振り、魚焼きグリルで10
　分焼く。

＼ 前日の準備トレイ ／

卵／大葉／手羽先／
れんこんとごぼう

骨なし肉で
作っても
もちろんOK

大葉半月卵

材料 (1人分)
卵…1個
大葉…2枚
塩…少々
ごま油…適量

作り方
1 フライパンにごま油を入れて中火で熱し、卵を割り入れる。白身が固まってきたら黄身を少しつぶし、大葉をのせ、塩を振って半分に折りたたむ。ふたをして弱火で2分焼いたらとり出し、食べやすい大きさに切る。

ごぼうとれんこんのきんぴら

材料 (作りやすい分量)
ごぼう…1本
れんこん…200g
酒…小さじ2
砂糖…小さじ2
しょうゆ…小さじ2
みりん…小さじ2
水…50ml
ごま油…適量

下準備
・ごぼうは斜め薄切りに、れんこんはいちょう切りにする。
・フライパンにごま油を入れて中火で熱し、ごぼうとれんこんを炒める。酒と砂糖を加え、砂糖が溶けたらしょうゆ、みりん、水を加え、弱火で煮汁がなくなるまで煮る。

 **007**

 下準備 **10**分

 調理 **15**分

ささみピザ弁当

子どもも大好きなピザ味は、さめても硬くならない
「溶けない」チーズを使うのがポイント!

エスニック味玉

材料(1個分)

卵…1個

A 鶏ガラスープの素…小さじ1
ナンプラー…小さじ1
水…100ml

下準備

・鍋に湯を沸かし、冷蔵庫からとり出した卵を入れて9分ゆで、冷水にとって殻をむき、**A**に漬けておく。

\ **前日の準備トレイ** /

ブロッコリー／鶏ささみ／ゆで卵／
玉ねぎ／ピーマン／スライスチーズ／コーン

ブロッコリーの ごまレモンあえ

材料(1人分)

ブロッコリー…3房

A レモン…小さじ1
めんつゆ…小さじ2
いりごま(白)…小さじ1/2

下準備

・ブロッコリーはゆでておく。

作り方

1 ゆでておいたブロッコリーを**A**であえる。

ささみピザ

材料(1人分)

鶏ささみ…2本(100g)
玉ねぎ…1/10個
ピーマン…1/2個
コーン…大さじ1
スライスチーズ
　（溶けないタイプ）…2枚
トマトケチャップ…大さじ1
塩、こしょう…少々

下準備

・ささみは薄くそぎ切りにする。
・玉ねぎは薄切りに、ピーマンはへたと種をとり、細めの輪切りにする。

作り方

1 ささみに軽く塩、こしょうを振り、トマトケチャップを塗る。玉ねぎ、ピーマン、コーン、ちぎったチーズをのせて、魚焼きグリル（オーブントースターでも可）で中火で10分焼く。

ピザ味は 白米にも 合うんです!

ささみ大葉竜田揚げ弁当

大葉をたっぷり使ったさわやかな味つけの竜田揚げ。
つけ合わせのスナップえんどうと相性抜群です。

ささみ大葉竜田揚げ

<u>**材料**</u>(1人分)

鶏ささみ…2本(100g)
大葉…3枚
片栗粉…適量
揚げ油…適量

A 梅昆布茶…小さじ1
〉 酒…小さじ1
〉 砂糖…小さじ1/2
〉 しょうゆ…小さじ1
〉 マヨネーズ…小さじ2

下準備

・ささみは筋をとって食べやすい
大きさに切り、千切りにした大
葉と一緒に**A**に漬けておく。

作り方

1 大葉をからめたささみに片栗
粉をまぶし、170℃に熱した揚
げ油でじっくりと揚げ、仕上げ
に高温でからりと揚げる。

めんつゆ味玉

<u>**材料**</u>(1人分)

卵…1個
めんつゆ(希釈したもの)…適量

下準備

・鍋に湯を沸かし、冷蔵庫からと
り出した卵を入れて9分ゆで、
冷水にとって殻をむき、めんつ
ゆに漬けておく。

\ 前日の準備トレイ /

スナップえんどう／ゆで卵／
鶏ささみと大葉

ゆでスナップえんどう

<u>**材料**</u>(1人分)

スナップえんどう…4本

下準備

・スナップえんどうは筋をとって
ゆでておく。

作り方

1 ゆでておいたスナップえんどう
を食べやすい大きさに切る。

梅昆布茶の
下味が
おいしさのコツ

009

下準備 **10**分　調理 **15**分

塩昆布ささみ天弁当

塩昆布と鶏肉を漬け込んでおくだけで、
旨みたっぷりの鶏天の完成です!

塩昆布ささみ天

<u>材料</u>(1人分)

鶏ささみ…2本(100g)
塩昆布…大さじ1
酒…小さじ1
天ぷら粉…適量
揚げ油…適量

下準備

・ささみは筋をとり除き、塩昆布
　と酒をもみ込んでおく。

作り方

1 水で溶いた天ぷら粉にささみ
　をくぐらせ、170℃に熱した揚
　げ油で火が通るまでからりと揚
　げる。

\ **前日の準備トレイ** /

焼きのり／卵／しいたけ／
ほうれん草／鶏ささみと塩昆布

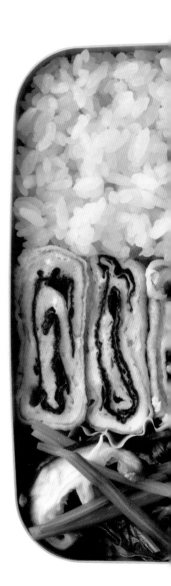

卵焼きに入れたのりと、
ささみ天が
好相性!

のり入り卵焼き

材料(1人分)

焼きのり…全形1/2枚
ごま油…適量
A 卵…1個
〳 砂糖…小さじ1/2
〳 塩…少々
〳 マヨネーズ…小さじ1

作り方

1 フライパンにごま油を入れて中火で熱し、混ぜ合わせた**A**を半量流し入れる。

2 表面が半熟状態のうちにのりをのせ、奥から手前に卵を折りたたみ、全体を奥へ移動させる。

3 あいたスペースにごま油を薄くひき、残りの**A**を流し入れ、奥から手前に折りたたむ。

ほうれん草と
しいたけのからしあえ

材料(1人分)

ほうれん草…2株
しいたけ…1個
だししょうゆ…小さじ2
からし…少々

下準備

・ほうれん草はゆでて、3〜4cm長さに切っておく。

作り方

1 しいたけは電子レンジで1分加熱し、粗熱がとれたら薄切りにする。

2 ボウルにゆでたほうれん草としいたけを入れて、だししょうゆとからしであえる。

010

下準備
40分

調理
5分

カオマンガイ弁当

我が家のファミリー全員が大好きなこのお弁当。しっとりと仕上げたゆで鶏とピリ辛薬味ダレが最高です。

鶏のゆで汁で
スープができる
一石二鳥レシピ

材料(1人分)

〔カオマンガイ〕
ジャスミンライス(普通の白米でも可)…0.6合
鶏もも肉…200g
ねぎ(青い部分)…10cm
ねぎ…5cm
しょうが…2かけ
赤とうがらし…1本
レモン、三つ葉(パクチーでも可)、
　　フライドオニオン…適量
水…500ml

A スイートチリソース…大さじ1と1/2
〉　オイスターソース…小さじ1
〉　ナンプラー…大さじ1

〔卵スープ〕
卵…1個

B 鶏ガラスープの素…小さじ1
〉　塩…少々

＼ **前日の準備トレイ** ／

鶏のゆで汁／鶏もも肉／卵／レモン／
ねぎとしょうがと赤とうがらし／三つ葉

下準備

- 鍋に水とねぎの青い部分、しょうが1かけを入れて沸騰させ、鶏肉をゆでる(ゆで汁はとっておく)。弱火で15分ゆでたら火を消して、ふたをして20分おく。
- 三つ葉はざく切りに、ねぎの白い部分はみじん切り、しょうが1かけは千切りに、赤とうがらしは種をとって輪切りにする。

作り方

1 ジャスミンライスを炊飯器に入れ、鶏のゆで汁を、規定の水加減より少し少なめまで入れて炊く。

2 鶏のゆで汁300mlに**B**を入れて味をととのえ、卵を溶き入れ、保温容器に入れる。

3 しょうがとねぎと赤とうがらしに**A**を加えてタレを作る。

4 炊きあがったジャスミンライスを容器に入れ、切った鶏肉、レモン、三つ葉をのせ、フライドオニオンを散らす。食べる際に別添えにした**3**のタレをかける。

仕上げの
フライドオニオンは
マストです!

011

具だくさんオムライス弁当

MAYA流オムライスは、ケチャップを先に炒めて
酸味を飛ばすのがコツ。具だくさんで食べごたえ満点!

材料(1人分)

ごはん…200g
鶏もも肉…100g
ソーセージ…2本
玉ねぎ…1/5個
ピーマン…1個
しめじ…25g
塩、こしょう…適量
サラダ油…適量

A トマトケチャップ…大さじ2
　　 ウスターソース…小さじ1
　　 コンソメ(顆粒)…少々

B 卵…2個
　　 砂糖…小さじ1
　　 塩…少々
　　 マヨネーズ…小さじ1

\ **前日の準備トレイ** /

鶏もも肉／卵／ソーセージ／
ピーマン／しめじ／玉ねぎ

下準備
・鶏肉は食べやすい大きさに、ソーセージは輪切りにする。
・玉ねぎ、ピーマンは粗みじん切りに、しめじは根元を切り落として小房に分ける。

作り方

1 フライパンにサラダ油を入れて中火で熱し、混ぜ合わせた **B** を入れて薄く広げ、弱火にする。片面を弱火で30秒ほど焼いたら火を消してふたをし、余熱でもう片面に火を通してとり出す。

2 フライパンにサラダ油を入れて中火で熱し、鶏肉、玉ねぎを炒める。鶏肉に火が通ったらソーセージ、ピーマン、しめじを入れて、**A** を加えて炒め、トマトケチャップの水分を少し飛ばす。ごはんを加え、塩、こしょうで味をととのえる。

3 **2** を容器に入れ、**1** の卵を覆うようにのせ、トマトケチャップ（分量外）をかける。

012

準備 5分 調理 15分

ジャンバラヤ弁当

じっくり漬け込んだジャークチキン風のお肉と、
スパイシーなごはんの最強タッグ！

材料(1人分)

ごはん…200g
鶏もも肉…150g
チョリソー…2本
玉ねぎ…1/5個
ピーマン…1個
コーン…大さじ1
トマトケチャップ…大さじ2
コンソメ(顆粒)…小さじ1
砂糖…ひとつまみ
塩、こしょう…適量
チリパウダー…適量
ホットソース…大さじ1
サラダ油…適量

A にんにく(すりおろし)…小さじ1/4
　トマトケチャップ…小さじ1
　マヨネーズ…小さじ1
　チリパウダー…小さじ1
　塩…小さじ1/2

\ 前日の準備トレイ /

コーン／ピーマン／玉ねぎ／
チョリソー／鶏もも肉

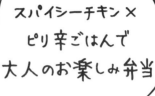

スパイシーチキン ×
ピリ辛ごはんで
大人のお楽しみ弁当

下準備

・鶏肉は**A**をもみ込んでおく。
・玉ねぎとピーマンは粗みじん切りに、チョリソーは5mm幅の輪切りにする。

作り方

1 フライパンにサラダ油を入れて中火で熱し、玉ねぎが透き通るまで炒める。残りの野菜とチョリソー、ごはんを加えて炒め、トマトケチャップ、コンソメ、砂糖、塩、こしょう、チリパウダーを入れ、味をととのえる。

2 フライパンにサラダ油を入れて中火で熱し、タレに漬け込んでおいた鶏肉を、皮目を下にして焼く。皮が焼けたら裏返し、弱火で中まで火を通す。

3 1を容器に入れ、ホットソースをのせ、切った2をのせる。

ラララ

昔ながらのドライカレー弁当

地元の商店街に昔からある喫茶店にありそうな、
ノスタルジックな味つけのドライカレー。

材料(1人分)

ごはん…200g
鶏もも肉…100g
玉ねぎ…1/6個
ピーマン…1個
コーン…大さじ1
グリンピース(水煮)…大さじ1
レーズン…適量
塩、こしょう…少々
バター…小さじ2

A カレー粉…大さじ1
コンソメ(顆粒)…小さじ1
しょうゆ…小さじ1/2
ウスターソース…小さじ1/2

＼ 前日の準備トレイ ／

コーン／グリンピース／玉ねぎ／
レーズン／ピーマン／鶏もも肉

下準備

・鶏肉は小さめの角切りにする。
・玉ねぎとピーマンは粗みじん切りにする。

作り方

1 フライパンにバターを入れて中火で熱し、鶏肉、玉ねぎを炒める。鶏肉の色が変わったらほかの具材とごはんを入れ、**A**を加えて炒め合わせ、塩、こしょうで味をととのえる。

福神漬けを
のせるのが、
我が家流!

014

下準備 10分 **調理 5分**

豚肉のしょうが焼き弁当

すりおろししょうがと仕上げの追いしょうがが
大人の味!

＼ 前日の準備トレイ ／

キャベツ／ゆで卵／
豚ロース薄切り肉と玉ねぎ／スナップえんどう

豚肉のしょうが焼き

材料(1人分)
豚ロース薄切り肉…150g
玉ねぎ…1/5個
キャベツ…2枚
しょうが(仕上げ用)…小さじ1
片栗粉…少々
ごま油…適量

A しょうゆ…小さじ2
砂糖…小さじ2
酒…小さじ1
しょうが(すりおろし)…大さじ1

スナップえんどうの
おかかあえ

材料(1人分)
スナップえんどう…5本
だししょうゆ…小さじ2
かつおぶし…適量

下準備
・スナップえんどうは筋をとり、
　ゆでておく。

作り方
1 ゆでておいたスナップえんどう
　を、だししょうゆとかつおぶし
　であえる。

肉に片栗粉を
ぶすのはマスト!
さめても
いしい秘訣

下準備
・豚肉はひと口大に、玉ねぎは薄
　切りにし、**A**に漬け込んでおく。
・キャベツは千切りにする。

作り方
1 フライパンにごま油を入れて中
　火で熱し、片栗粉をまぶした豚
　肉と玉ねぎを焼き、仕上げ用
　のしょうゆを加えて炒め合わせ
　る。

2 容器に入れ、キャベツを添え
　る。

オイスター味玉

材料(1個分)
卵…1個

　A めんつゆ(希釈したもの)
　　　…100ml
　　　オイスターソース…小さじ1

下準備
・鍋に湯を沸かし、冷蔵庫からと
　り出した卵を入れて9分ゆで、
　冷水にとって殻をむき、**A**に漬
　けておく。

015

★☆ 🌙 下準備 **10**分　☀ 調理 **10**分

ピーマンの肉巻きしょうが焼き弁当

ピーマンを肉でくるっと巻いて、一風変わった
しょうが焼きのできあがり。ピーマンが苦手な人にも!

スヤ…

前日の準備トレイ

かぼちゃ／紅しょうが／卵／
ピーマンの肉巻き

紅しょうが入り卵焼き

<u>**材料**</u>(1人分)

紅しょうが…適量
ごま油…適量

A 卵…1個
　砂糖…小さじ1/2
　塩…少々
　マヨネーズ…小さじ1

かぼちゃの煮物は
前日に作って
味を染み込ませて

ピーマンの肉巻き しょうが焼き

材料(1人分)
豚ロース薄切り肉…3枚
ピーマン…赤1/2個、緑1個
片栗粉…少々
サラダ油…適量

A しょうゆ…大さじ1
みりん…大さじ1
しょうがのしぼり汁…小さじ2

下準備

・ピーマンはヘタを切り落として
種をとり、縦に4分割に(赤は
半分に)切る。豚肉を広げ、ピー
マンをのせて巻き、巻き終わり
に片栗粉をまぶす。

作り方

1 フライパンにサラダ油を入れて
中火で熱し、ピーマンの肉巻き
を、巻き終わりを下にして焼く。
転がしながら全体に焼き目が
ついたら弱火にし、ふたをして
5分ほど焼く。火が通ったら**A**
を加えて煮からめる。

かぼちゃの煮物

材料(作りやすい分量)
かぼちゃ…1/4個

A 砂糖…小さじ2
しょうゆ…大さじ1
みりん…大さじ1
水…100ml

下準備

・かぼちゃはひと口大に切って
耐熱容器に入れ、**A**を加えて
ふんわりとラップをかけ、電子
レンジで7分加熱する。硬いよ
うなら追加で30秒ずつ加熱す
る。

作り方

1 フライパンにごま油を入れて中
火で熱し、混ぜ合わせた**A**を
半量流し入れる。

2 表面が半熟状態になったら紅
しょうがをのせ、奥から手前
に卵を折りたたみ、全体を奥
へ移動させる。

3 あいたスペースにごま油を薄く
ひき、残りのAを流し入れ、奥
から手前に折りたたむ。

016

下準備 10分　調理 10分

アスパラ肉巻き弁当

定番のアスパラの肉巻きは、ロース肉ならさめてもやわらかくて
おいしくなります。シンプルな味つけながら、昆布茶が効いてます。

アスパラ肉巻き

材料(1人分)
豚ロース薄切り肉…4枚
グリーンアスパラガス…2本
昆布茶…少々
塩、こしょう…少々
片栗粉…適量
サラダ油…適量

下準備
・アスパラガスは根元を切り落として筋をとる。豚肉を広げ、昆布茶をまぶし、アスパラをのせて巻き、巻き終わりに片栗粉をまぶす。

作り方
1 フライパンにサラダ油を入れて中火で熱し、アスパラの肉巻きを、巻き終わりを下にして焼く。転がしながら豚肉に焼き目がついたら弱火にし、全体に火が通ったら塩、こしょうで味つけをする。

＼ 前日の準備トレイ ／

れんこん／明太子／卵／アスパラ肉巻き

アスパラは
お弁当箱の長さに
合わせて切っておくと
詰めやすいです

明太子入り卵焼き

材料(1人分)

明太子(薄皮をとる)…10g
ごま油…適量

A 卵…1個
　砂糖…小さじ1/2
　塩…少々
　マヨネーズ…小さじ1

作り方

1 フライパンにごま油を入れて中火で熱し、混ぜ合わせた**A**を半量流し入れる。

2 表面が半熟状態のうちに明太子をのせ、奥から手前に卵を折りたたみ、全体を奥へ移動させる。

3 あいたスペースにごま油を薄くひき、残りの**A**を流し入れ、奥から手前に折りたたむ。

七味れんこん

材料(1人分)

れんこん…20g
七味とうがらし…適量
だししょうゆ…小さじ1
バター…小さじ1
サラダ油…適量

下準備

・れんこんは少し厚めのいちょう切りにし、水にさらしておく。

作り方

1 フライパンにサラダ油を入れて中火で熱し、れんこんを焼き、七味とだししょうゆで味をととのえ、バターを加えて混ぜ合わせる。

017

★ 下準備 **10**分　☀ 調理 **10**分

豚ヒレカレーピカタ弁当

やわらかい豚ヒレ肉に卵をコーティング。
このひと手間で、さめてもじつにうまいのです。

豚ヒレのカレーピカタ

材料(1人分)
豚ヒレ肉…150g
溶き卵…1個分
薄力粉…適量
サラダ油…適量

A カレー粉…小さじ1
　　粉チーズ…小さじ2
　　塩、こしょう…少々

作り方
1 豚肉は食べやすい大きさに切り、**A**で下味をつけ、薄力粉をまぶす。

2 フライパンにサラダ油を入れて中火で熱し、溶き卵にくぐらせた**1**を焼く。焼き色がついたら裏返し、溶き卵の残りも一緒に流し入れて火を通す。

エスニック味玉

材料(1個分)
卵…1個

A 鶏ガラスープの素…小さじ1
　　ナンプラー…小さじ1
　　水…100ml

下準備
・鍋に湯を沸かし、冷蔵庫からとり出した卵を入れて9分ゆで、冷水にとって殻をむき、**A**に漬けておく。

ブロッコリーとツナのポン酢あえ

材料(1人分)
ブロッコリー…3房
シーチキン…1/3缶
砂糖…ひとつまみ
ポン酢…小さじ2

下準備
・ブロッコリーはゆでておく。

作り方
1 ゆでておいたブロッコリーを、汁けをきったシーチキンと砂糖、ポン酢であえる。

\ 前日の準備トレイ /

シーチキン／卵／ゆで卵／
ブロッコリー／豚ヒレ肉

＊「シーチキン」は、はごろもフーズ株式会社の登録商標です。

018

下準備 10分 調理 15分

豚ヒレポークチョップ弁当

さめてもおいしい豚ヒレ肉と、濃厚なケチャップダレ。
これがごはんに合わないわけがございません！

豚ヒレ
ポークチョップ

材料(1人分)

豚ヒレ肉…150g
玉ねぎ…1/10個
赤ピーマン…1/2個
塩、こしょう…少々
薄力粉…適量
サラダ油…適量

A 砂糖…ひとつまみ
　　ケチャップ…大さじ2
　　ウスターソース…小さじ2

下準備

・玉ねぎはくし形に、赤ピーマン
　は乱切りにする。

作り方

1 豚肉は食べやすい大きさに切
　り、塩、こしょうで下味をつけ、
　薄力粉をまぶす。

2 フライパンにサラダ油を入れ
　て中火で熱し、豚肉、玉ねぎ、
　赤ピーマンを入れて炒める。豚
　肉に火が通ったら、**A**を加え
　て炒め合わせる。

大人は
ペッパーソースを足
食べてもオツです

ほうれん草としめじの
めんつゆあえ

材料(1人分)

ほうれん草…2株
しめじ…15g
めんつゆ…小さじ2

下準備

・ほうれん草はゆでて、3〜4cm
　長さに切る。しめじは根元を切
　り落としてほぐす。

作り方

1 しめじは電子レンジで1分加熱
　し、ほうれん草と一緒にめんつ
　ゆであえる。

\ **前日の準備トレイ** /

玉ねぎ／赤ピーマン／豚ヒレ肉／
しめじ／卵／ほうれん草／スティックチーズ

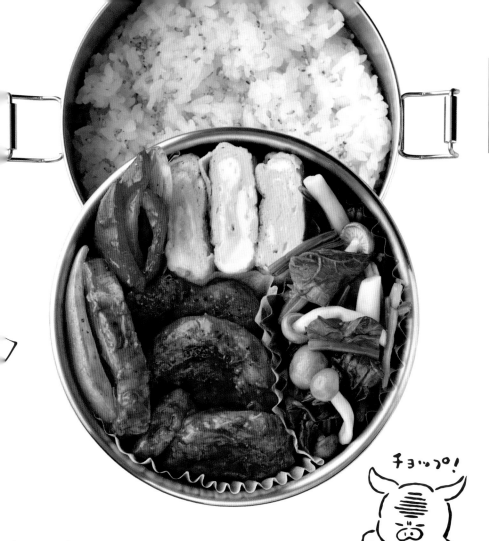

チョップ！

チーズ入り卵焼き

材料(1人分)

スティックチーズ
　（細かく切る）…1本
ごま油…適量

A 卵…1個
　　砂糖…小さじ1/2
　　塩…少々
　　マヨネーズ…小さじ1

作り方

1 フライパンにごま油を入れて中火で熱し、混ぜ合わせた**A**を半量流し入れる。

2 表面が半熟状態になったらチーズをのせ、奥から手前に卵を折りたたみ、全体を奥へ移動させる。

3 あいたスペースにごま油を薄くひき、残りの**A**を流し入れ、奥から手前に折りたたむ。

019

下準備 15分　調理 15分

オニオンソースハンバーグ弁当

豚ひき肉だけで作る、さめてもやわらかくておいしい
ハンバーグ。オニオンソースの染みたパスタもたまらない!

オニオンソース ハンバーグ

__材料__(1人分)

豚ひき肉…150g
玉ねぎ(みじん切り)…1/2個
塩…小さじ1/4
こしょう…少々
ナツメグ…少々
サラダ油…適量

A 牛乳…大さじ2
マヨネーズ…大さじ1
パン粉…大さじ3

B 酒…大さじ1
しょうゆ…大さじ1
みりん…大さじ1
にんにく(すりおろし)
…小さじ1/4
こしょう…適量

前日の準備トレイ

スパゲッティ／コーン／ハンバーグのたね／
にんじん／ほうれん草／玉ねぎ

下準備

・ひき肉に塩とこしょう、ナツメグ
を入れてもみ込む。
・フライパンにサラダ油大さじ1を
入れて中火で熱し、玉ねぎが透
き通るまで炒める。
・ボウルにひき肉、粗熱がとれた
玉ねぎ半量(残りはソース用に
とっておく)、**A**を入れてよく混
ぜ合わせ、ハンバーグ形に成形
する。

作り方

1 フライパンにサラダ油を入れて
中火で熱し、ハンバーグを焼く。
3分ほど焼いたら裏返し、ふた
をして弱火で8分焼く。

2 フライパンの油をさっとふきと
り、残りの玉ねぎと**B**を加え、
弱火で煮からめる。

にんじんのグラッセ

__材料__(1人分)

にんじん…1/10本

A 砂糖…小さじ1
コンソメ(顆粒)…小さじ1/2
バター…小さじ1
水…100ml

下準備

・にんじんは太めの拍子木切りに
する。

作り方

1 にんじんは耐熱容器に入れ、
Aを加えてふんわりとラップを
かけ、電子レンジで1分半加熱
する。軽く混ぜてから再び1分
間加熱し、硬いようならつまよ
うじがすっと通るまで追加で15
秒ずつ加熱する。

ほうれん草と
コーンのソテー&
パスタ

材料(1人分)

スパゲッティ…25g(1/4束)
ほうれん草…2株
コーン…大さじ1
塩、こしょう…少々
バター…小さじ1/2
サラダ油…小さじ1/2

下準備

・ほうれん草はゆでて、3〜4cm
長さに切っておく。

作り方

1 鍋に湯を沸かし、スパゲッティ
をゆでる。

2 フライパンにサラダ油を入れて
中火で熱し、ほうれん草とコー
ンをさっと炒め、塩、こしょう
をし、バターを加える。

3 1のスパゲッティは、詰める際
にハンバーグの下に敷く。

020

れんこんバーグ弁当

れんこんのすりおろし&みじん切りのW使いで、
食感が楽しめる変わり種バーグ。
追いポン酢でさっぱりとどうぞ。

オクラとわかめの 梅あえ

材料(1人分)

オクラ…3本
わかめ…2g
梅干し…1個
ポン酢…小さじ1
ごま油…小さじ1/2

下準備

・オクラはさっとゆでておく。わ
　かめは水で戻しておく。

作り方

1 オクラは小口切りにし、わかめ
　と叩いた梅干し、ごま油、ポ
　ン酢であえる。

＼ 前日の準備トレイ ／

オクラ／カニかまと小ねぎ／
れんこんバーグのたね／卵／わかめ／梅干し

れんこんバーグ

材料(1人分)

豚ひき肉…150g
れんこん…100g
ねぎ…5cm
サラダ油…適量

A 砂糖…ひとつまみ
　　塩…小さじ1/5
　　めんつゆ…小さじ1
　　片栗粉…小さじ1/2

ねぎとカニかま入り卵焼き

材料(1人分)

カニかま…1本
小ねぎ…1/2本
ごま油…適量

A 卵…1個
〉 砂糖…小さじ1/2
〉 塩…少々
〉 マヨネーズ…小さじ1

下準備

・カニかまは細かく切っておく。小ねぎはみじん切りにする。

作り方

1 フライパンにごま油を入れて中火で熱し、混ぜ合わせた**A**を半量流し入れる。

2 表面が半熟状態のうちにカニかまと小ねぎをのせ、奥から手前に卵を折りたたみ、全体を奥へ移動させる。

3 あいたスペースにごま油を薄くひき、残りの**A**を流し入れ、奥から手前に折りたたむ。

B ポン酢…大さじ1
〉 みりん…大さじ1/2

＊ポン酢は別添えでも持っていく。

下準備

・れんこんは薄く1枚輪切りにし、残り半分はすりおろし、半分はみじん切りにする。ねぎはみじん切りにする。
・ボウルにひき肉、すりおろし＆みじん切りのれんこん、ねぎ、**A**を入れて混ぜ合わせて2個に成形し、薄く切ったれんこんをくっつける。

作り方

1 フライパンにサラダ油を入れて中火で熱し、れんこんバーグを焼く。3分ほど焼いたら裏返し、ふたをして弱火で7分ほど焼く。

2 Bを加え、煮からめる。

3 食べる際にポン酢をかける。

021

下準備 **15**分 　調理 **10**分

ピーマンの肉詰め弁当

ポイントはピーマンの切り方。さらに緑と赤の
ピーマンを使うことで見た目もにぎやかに！

キャベツの
塩昆布ナムル

<u>**材料**</u>(1人分)
キャベツ…2枚
塩昆布…小さじ1
ごま油…小さじ1

下準備
・キャベツはざく切りにして、塩
　昆布と合わせておく。

作り方
1 キャベツの水分をしぼり、ごま
　油を入れて混ぜ合わせる。

＼ **前日の準備トレイ** ／

キャベツと塩昆布／ゆで卵／
ピーマンの肉詰め

ピーマンは
輪切りにしてから
肉を詰めると
焼きやすい！

ピーマンの肉詰め

材料 (作りやすい分量)

豚ひき肉…100g
玉ねぎ(みじん切り)
　　　…1/10個
ピーマン(赤、緑)…各1/2個
塩…小さじ1/6
こしょう…少々
ナツメグ…少々
小麦粉…適量
サラダ油…適量

A 牛乳…大さじ1と1/2
　　パン粉…大さじ2
　　トマトケチャップ…小さじ1
　　こしょう…少々

B 砂糖…ひとつまみ
　　しょうゆ…小さじ1
　　トマトケチャップ…大さじ1

下準備

・ひき肉に塩とこしょう、ナツメグ
　を入れてもみ込む。
・フライパンにサラダ油を入れて
　中火で熱し、玉ねぎが透き通る
　まで炒める。
・ボウルにひき肉、粗熱がとれ
　た玉ねぎ、**A**を入れてよく混ぜ
　合わせ、ハンバーグのたねを
　作る。
・ピーマンはへたを切り落として
　種をとり、1.5cm幅の輪切りに
　する。中に小麦粉をまぶし、ハ
　ンバーグのたねをぎゅっと詰め
　る。

作り方

1 フライパンにサラダ油を入れて
　中火で熱し、ピーマンの肉詰
　めを焼く。3分ほど焼いたら裏
　返し、ふたをして弱火で7分焼
　く。

2 余分な油をふきとり、**B**で味
　つけする。

ピリ辛味玉

材料 (1個分)

卵…1個

A めんつゆ(希釈したもの)
　　　…100ml
　　コチュジャン…小さじ1
　　ラー油…小さじ1

下準備

・鍋に湯を沸かし、冷蔵庫からと
　り出した卵を入れて9分ゆで、
　冷水にとって殻をむき、**A**に漬
　けておく。

022

豚こまから揚げ弁当

豚こま肉を使って作る、こんなから揚げも
オススメ。ジューシーでやわらか、我が家の
子どもたちも大好きな一品です。

豚こまから揚げ

材料(1人分)

豚こま切れ肉…150g
片栗粉…適量
すりごま(白)…大さじ2
揚げ油…適量

A しょうが(すりおろし)…小さじ1
　　 にんにく(すりおろし)…小さじ1/2
　　 酒…小さじ1
　　 砂糖…小さじ2/3
　　 しょうゆ…大さじ1

下準備

・豚肉は**A**に漬けておく。

作り方

1 豚肉は汁けをきり、ひと口大に
丸め、片栗粉とすりごまを混ぜ
た衣をまぶし、170℃に熱した
揚げ油で火が通るまでからりと
揚げる。

＼ **前日の準備トレイ** ／

大葉／卵／なす／青のり／豚こま切れ肉

青のり入り卵焼き

材料(1人分)

ごま油…適量

A 卵…1個
　　 青のり…適量
　　 砂糖…小さじ1/2
　　 塩…少々
　　 マヨネーズ…小さじ1

作り方

1 フライパンにごま油を入れて中
火で熱し、混ぜ合わせた**A**を
半量流し入れる。

2 表面が半熟状態のうちに奥か
ら手前に卵を折りたたみ、全
体を奥へ移動させる。

3 あいたスペースにごま油を薄
くひき、残りの**A**を流し入れ、
奥から手前に折りたたむ。

なすの
しそめんつゆ焼き

材料(1人分)

なす…1/2本
大葉…5枚
めんつゆ…小さじ2
ごま油…適量

作り方

1 なすは1cmの輪切りに、大葉
はざく切りにする。

2 フライパンにごま油を入れて中
火で熱し、なすを焼く。なすに
火が通ったら大葉とめんつゆ
を加え、炒め合わせる。

から揚げは
一つひとつを小さく作れば
火の通りが早くてラク

023

下準備 3分 ・ 調理 10分

肉巻きおにぎりと和風ポトフ弁当

豚ロース肉と大葉の組み合わせで、さっぱりとした
味わいの肉巻きに。ポトフはお好みでどうぞ。

ポトフで野菜を
補給しましょう

いとをかし〜

あはれなり〜

\ 前日の準備トレイ /

豚ロース薄切り肉／大葉／
かぶとしいたけとにんじん

和風ポトフ

<u>材料</u>(1人分)

かぶ…1個
にんじん…1/10本
しいたけ…1個

A 酒…大さじ1
しょうゆ…小さじ1
コンソメ(顆粒)…小さじ2
塩、こしょう…適量
水…300ml

肉巻きおにぎり

材料(1人分)

ごはん…200g
豚ロース薄切り肉…150g
大葉…6枚
いりごま(白)…適量
片栗粉…適量
焼肉のタレ…大さじ2
塩…少々
サラダ油…適量

作り方

1 ボウルにごはんといりごまを入れて混ぜ合わせ、直径3cmの細長い棒状のおにぎりを3つ作る。

2 豚肉を2〜3枚重ねて広げ、塩を振り、大葉を2枚ずつ敷いて**1**のおにぎりをのせて巻き、巻き終わりの内側と外側に軽く片栗粉をまぶす。

3 フライパンにサラダ油を入れて中火で熱し、**2**を入れて転がしながらじっくりと焼く。肉に火が通ったら、焼肉のタレを加えて全体にからめる。

ゆゆ〜!!

下準備

・かぶ、にんじん、しいたけは食べやすい大きさに切る。

作り方

1 鍋に**A**を入れて中火で熱し、野菜を入れて煮込む。野菜に火が通ったら、保温容器に入れる。

こんなふうにして巻きます

巻き終わりは…

タレでごはんがビチャッとならないよう、しっかり閉じて。

024

豚そぼろと高菜と卵の三色丼

定番の豚そぼろは、赤身のお肉で作るのが
さめてもおいしく食べられるコツ！

材料 (作りやすい分量)

ごはん…適量
〔豚そぼろ〕
豚ひき肉…300g
酒…大さじ2
砂糖…大さじ3
しょうゆ…大さじ3
〔高菜〕
高菜の漬け物…100g

A しょうゆ…小さじ1
　　みりん…小さじ1

〔卵〕

B 卵…2個
　　砂糖…小さじ2
　　塩…少々
　　マヨネーズ…小さじ1

明太子…適量
焼きのり…適量
紅しょうが…適量
しょうがの甘酢漬け…適量
ごま油…適量

下準備

・フライパンにごま油を入れて弱
火で熱し、ひき肉を入れ、酒と
砂糖を加えて炒め合わせる。肉
に火が通ったらしょうゆを加え、
汁けが半分になるまで煮る。

・フライパンにごま油を入れて弱
火で熱し、高菜の漬け物を炒め
て**A**で味つけする。

作り方

1 フライパンにごま油を入れて強
火で熱し、混ぜ合わせた**B**を
流し込んで一気にかき混ぜる。
半熟状態になったら火を止め、
余熱で火を通す。

2 容器にごはんを入れ、のりと
明太子を敷き、豚そぼろ、高
菜、卵を盛りつけ、紅しょうが
としょうがの甘酢漬けをのせ
る。

＼ 前日の準備トレイ ／

焼きのり／明太子／高菜の漬け物／
紅しょうがとしょうがの甘酢漬け／豚そぼろ／卵

ごはんの上に、
ちぎった焼きのりを
散らして

025

下準備 10分　調理 10分

豚ヒレごまみそカツ丼

みそとごまを使ってひと味加えたガッツリ系カツ丼は、
男子人気ナンバーワン!

材料(1人分)
ごはん…適量
豚ヒレ肉…150g
キャベツ…2枚
塩、こしょう…適量
パン粉…適量
揚げ油…適量

〔バッター液〕
A 卵…1個
┌ 小麦粉…大さじ4
└ 水…大さじ2

B みそ…小さじ2
┌ とんかつソース…大さじ1
└ いりごま(白)…大さじ1

下準備
・豚肉は塩、こしょうし、混ぜ合
　わせた**A**、パン粉の順に衣を
　つけておく。
・キャベツは千切りにする。

作り方
1 170℃に熱した揚げ油に豚肉
　を入れて、火が通るまでからり
　と揚げる。

2 ごはんを容器に入れ、キャベ
　ツを敷き、豚肉をのせ、混ぜ
　合わせた**B**をかける。

※**B**のタレは別の容器に入れて、
　食べる直前にかけてもOKで
　す。

＼　**前日の準備トレイ**　／

豚ヒレ肉／キャベツ

豚ヒレはさめても
おいしい肉の
部位ナンバーワン！

026

下準備 **10**分　調理 **10**分

チンジャオロースー
青椒肉絲と卵チャーハン弁当

青椒肉絲と卵チャーハンの黄金コンビ！
ガブガブッとかき込んでほしい一品です。

卵チャーハン

<u>**材料**</u>(1人分)

ごはん…200g
ごま油…適量

A 卵…1個
鶏ガラスープの素…小さじ2
塩、こしょう…少々
マヨネーズ…小さじ1

作り方

1 フライパンにごま油を入れて中火で熱し、混ぜ合わせた**A**を流し入れ、半熟になったらごはんを加え、炒め合わせる。

＼ **前日の準備トレイ** ／

卵／牛もも肉／たけのこ／
ピーマン（赤、緑）／玉ねぎ

チンジャオロースー
青椒肉絲

<u>材料</u>(1人分)

牛もも肉…100g
細切りたけのこ(水煮)…20g
ピーマン(赤、緑)…各1個
玉ねぎ…1/6個
ごま油…大さじ1

A 酒…小さじ1/2
〜 しょうゆ…小さじ1/2

B オイスターソース…小さじ1
〜 鶏ガラスープの素…小さじ1/2
〜 砂糖…小さじ1/2
〜 しょうゆ…小さじ1/2
〜 塩、こしょう…少々
〜 片栗粉…小さじ1
〜 水…大さじ1/2

下準備

・牛肉は細切りにし、**A**をもみ込んでおく。
・ピーマンはヘタを切り落として種をとって細切りに、玉ねぎは薄切りにする。

作り方

1 フライパンにごま油を入れて中火で熱し、牛肉を入れて炒め、牛肉に火が通ったらたけのこ、玉ねぎ、ピーマンを加える。野菜に火が通ったら混ぜ合わせた**B**を加え、炒め合わせる。

お好みで
豆板醤を
少〜し入れても!

027

下準備 **10**分 ／ 調理 **10**分

牛すきごぼう丼

時間がたつと硬くなりがちな牛肉は、片栗粉を
使うとやわらかくなり、タレもからんで美味に。
別添えの温玉も忘れずに!

細切りごぼう
食感がアクセ

材料(1人分)
ごはん…適量
牛もも薄切り肉…150g
温泉卵…1個
ねぎ…8cm
ごぼう…5cm
しらたき…50g
片栗粉…適量
七味とうがらし…適量
サラダ油…適量

A 酒…大さじ2
砂糖…大さじ2
しょうゆ…大さじ2
みりん…大さじ2

\ 前日の準備トレイ /

しらたき／牛もも薄切り肉／ねぎ／
温泉卵／ごぼう

下準備
・牛肉はひと口大に切っておく。
・ねぎは2cm長さに切る。ごぼう
　は千切りにする。
・しらたきは湯通しして食べやす
　い長さに切っておく。

作り方
1 ごぼうは水にさらす。

2 フライパンにサラダ油を熱し、
ねぎを焼き目がつくように焼く。

3 ねぎをとり出したフライパンの
油をふきとり、**A**を入れて中火
にかけ、水けをきったごぼう、
しらたきを入れて、ごぼうに火
が通ったら片栗粉をまぶした
牛肉を加える。

4 ごはんを容器に入れ、**3**とね
ぎを盛りつけ、七味を振る。
食べる際に温泉卵を割り入れ
る。

028

🌙 下準備 **5**分
☀️ 調理 **5**分

牛ハラミ焼き肉丼

ハラミの代わりに、赤身の牛もも肉で作ってもおいしいです。
片栗粉をまぶして焼くのがポイント!

材料(1人分)

ごはん…適量
牛ハラミ肉…150g
まいたけ…20g
玉ねぎ…1/10個
ししとう…3本
片栗粉…適量
いりごま(白)…小さじ1
サラダ油…適量

A 砂糖…大さじ1
　 しょうゆ…大さじ1
　 にんにく(すりおろし)…小さじ1/2
　 コチュジャン…小さじ1
　 ごま油…小さじ1

＊焼肉のタレでも可

＼ 前日の準備トレイ ／

牛ハラミ肉とまいたけ／玉ねぎ／
ししとう

まいたけと一緒に
肉を寝かせると
やわらか〜くなる

下準備
・牛ハラミはフォークでしっかりと
　穴を開け、まいたけと合わせて
　ひと晩おく。
・玉ねぎは薄切りにする。

作り方
1 フライパンにサラダ油を熱し、
　片栗粉をまぶした牛ハラミとま
　いたけ、玉ねぎ、ししとうを焼く。

2 全体に火が通ったら、混ぜ合
　わせた**A**を加えて炒め合わせ
　る。

3 ごはんを容器に入れ、**2**を盛
　りつけ、いりごまを振る。

肉と魚に一手間加える件に

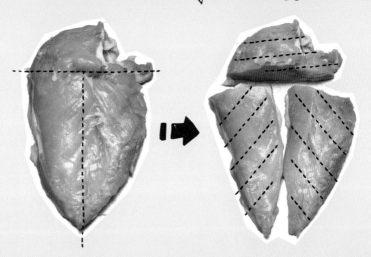

鶏むね肉を柔らかく食べられる切り方

よく見ると、繊維の流れが3パターンに分かれています。まずは点線のように、3等分に切り分けます。切り分けたら繊維を断ち切る方向で、料理に使う大きさに合わせて小さく切り分けます。

××××年□月木日 第2号
発行：お弁当委員会

お弁当に入れる肉や魚介はとくに下処理が大切！
ちょっとした工夫で、さめてもおいしく食べられるよう
になるんです。ぜひやってみて！

肉はすべて片栗粉を
まぶしてから調理する

えびは片栗粉をまぶして
汚れとくさみをとる

さめたらとくに硬くなりやすい豚肉と牛肉は、
片栗粉でコーティングするのが秘訣。片栗粉
はでんぷん質が多いので、肉の水分を保水
してくれて、さらにタレもからまりやすくなる
ので、時間がたってもおいしく食べられます。

えびは、殻がむかれたものを買ってきたとき
も、私は必ず下処理をします。塩ひとつまみ
と片栗粉、少量の水をえびにもみ込み、5分
ほどおいたら水でしっかり洗い流し、ペーパー
で水分をふきとります。これだけで、おいし
さが全然違います！

029-046

魚介のお弁当

メモ

魚介のお弁当ってハードルが高いと思われがちですが、コツを覚えてしまえば案外簡単なんです。生ぐさいから苦手、骨があって面倒などのお悩みも、下処理をきちんとすればくさみは消えるし、骨をとった状態のお魚も売ってます。また、100均の骨とり道具でも簡単に処理できます。魚が苦手な子どもには、お肉のおかずのような味つけにすればとっても食べやすくなりますし、前日に下準備さえしておけば、朝も楽ちんなんです。

MAYA

029

下準備 **5**分　調理 **10**分

さばのカレーソテー弁当

塩さばを使うことで、下処理いらずで簡単に
作れるこちらの一品。カレーの風味で食欲も倍増!

チーズ入り卵焼き

<u>材料</u>(1人分)

カマンベールチーズ…20g
ごま油…適量

A 卵…2個
　砂糖…小さじ1
　塩…少々
　マヨネーズ…小さじ2

作り方

1 チーズは手で細かくちぎる。

2 フライパンにごま油を入れて中
火で熱し、混ぜ合わせた**A**を
1/3量流し入れる。

3 表面が半熟状態のうちにチー
ズをのせ、奥から手前に卵を
折りたたみ、全体を奥へ移動
させる。

4 1、2を繰り返し、計3回折り
たたむ。

＼ **前日の準備トレイ** ／

卵／キャベツと赤ピーマン／玉ねぎ／
さば／しめじ／カマンベールチーズ

お弁当には
骨とりさばが
向いてます

さばのカレーソテー

材料(1人分)

塩さば(骨とり)…1枚
キャベツ…2枚
玉ねぎ…1/10個
赤ピーマン…1/4個
しめじ…15g
酒…適量
だししょうゆ…小さじ1
こしょう…少々
薄力粉…大さじ1
カレー粉…小さじ2
サラダ油…適量

下準備

・さばは3分割に切り、酒を振っておく。
・キャベツはざく切りに、玉ねぎは薄切りに、赤ピーマンは細切りにする。しめじは根元を切り落としてほぐしておく。

作り方

1 さばは水分をふきとり、薄力粉とカレー粉を合わせた粉を全体にまぶす。

2 フライパンにサラダ油を入れて中火で熱し、皮目を下にしてさばを焼く。皮目に焼き目がついたら裏返し、あいたスペースに残りの野菜を加えてだししょうゆ、こしょうで味つけし、さばが崩れないように一緒に焼く。

030

下準備 **10**分
調理 **10**分

さばの南蛮漬け弁当

さめたらよりいっそうおいしくなる南蛮漬けは、お弁当にぴったり。甘酸っぱい味つけでごはんが止まらない!

oh!

れんこん卵炒め

材料(1人分)
れんこん…30g
塩、こしょう…適量
ごま油…適量

A 卵…1個
マヨネーズ…小さじ1/2
昆布茶…少々

下準備
・れんこんはいちょう切りにし、水にさらしておく。

作り方
1 フライパンにごま油を入れて中火で熱し、れんこんを炒める。火が通ったら塩、こしょうを振り、混ぜ合わせた**A**を流し入れて炒める。

＼ **前日の準備トレイ** ／

れんこん／卵／
玉ねぎとにんじんとピーマン／さば

さばは汁けを
しっかりきってから
詰めて

さばの南蛮漬け

材料(1人分)

塩さば(骨とり)…1枚
玉ねぎ…1/10個
ピーマン(赤、緑)…各1/4個
にんじん…10g
片栗粉…適量
サラダ油…適量

A しょうゆ…大さじ1
寿司酢…大さじ2
赤とうがらし
　（種をとって輪切りに）…1本

下準備

・さばは食べやすい大きさに切る。
・玉ねぎとピーマンは薄切りに、
　にんじんは細切りにし、**A**に漬
　け込んでおく。

作り方

1 フライパンにサラダ油を1cm分
　入れて中火で熱し、水分をふ
　きとって片栗粉をまぶしたさば
　をからりと揚げる。

2 **1**のさばを、野菜を漬け込ん
　だ**A**と混ぜ合わせ、汁けをきっ
　て容器に詰める。

031

下準備 **3**分　調理 **10**分

さば明太ごはん弁当

どこから食べても、どれとどれを一緒に食べても、
間違いなくうまい！　簡単だけど大満足のお弁当。

番号ーッ！
いち！
に！

材料(1人分)

ごはん…適量
塩さば(骨とり)…1枚
明太子…1腹
小松菜…2株
いりごま(白)…適量
かつおぶし…適量
酒…適量
だししょうゆ…小さじ1
ごま油…適量

〔卵焼き〕
ごま油…適量

A 卵…2個
　　砂糖…小さじ1
　　塩…ひとつまみ
　　マヨネーズ…小さじ2

＼ **前日の準備トレイ** ／

卵／塩さば／小松菜／明太子

おかずの下に
敷いたおかかが
ポイント

下準備
・さばは酒を振っておく。
・小松菜は3〜4cm長さに切って
　おく。

作り方
1 さばは水分をふきとり、魚焼き
グリルで焼いて4分たったら明
太子を加え、さらに4分焼く。

2 〔卵焼きを作る〕フライパンにご
ま油を入れて中火で熱し、混ぜ
合わせた**A**を半量流し入れる。
表面が半熟状態のうちに奥から
手前に卵を折りたたみ、全体を
奥へ移動させるを2回繰り返し
てとり出す。

3 2のフライパンにごま油を入れ
て中火で熱し、小松菜を炒め
てだししょうゆで味つけし、い
りごまを振る。

4 ごはんを容器に入れ、かつお
ぶしを敷き、ほぐしたさば、食
べやすい大きさに切った明太
子と卵焼き、小松菜をのせる。

032

下準備 **5**分　調理 **10**分

ぶりの香味しょうゆ漬け弁当

脂ののったぶりを香味野菜と一緒に漬けておくだけで、
簡単さっぱりウマウマに！

えのきだけとキャベツの卵炒め

材料(1人分)

キャベツ…1枚
えのきだけ…30g
塩、こしょう…少々
ごま油…適量

B 卵…1個
〉 砂糖…ひとつまみ
〉 鶏ガラスープの素…小さじ1/2

下準備

・キャベツはざく切りに、えのき
　だけは根元を切り落としてほぐ
　しておく。

作り方

1 フライパンにごま油を入れて中
　火で熱し、キャベツ、えのきだ
　けを入れ、塩、こしょうを加え
　て炒める。火が通ったらフライ
　パンの端に寄せ、混ぜ合わせ
　た**B**を流し入れてさっと全体を
　からめる。

＼ 前日の準備トレイ ／

ぶり／卵／えのきだけ／キャベツ

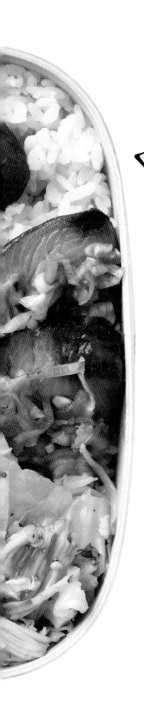

キャベツと卵を炒めただけね、とあなどるなかれ！
この組み合わせ、めっちゃうまい！

ぶりの香味しょうゆ漬け

材料(1人分)

ぶり…1切れ
ねぎ…3cm
みょうが…1個
しょうが…1かけ

A 酒…大さじ1
　しょうゆ…大さじ1
　みりん…大さじ1

下準備

・ねぎ、みょうが、しょうがはみじん切りにし、**A**と混ぜ合わせる。
・ぶりは食べやすい大きさに切り、**A**の香味しょうゆに漬けておく。

作り方

1 ぶりは**A**の香味しょうゆをふきとり（香味野菜はあとで使用）、魚焼きグリルで焼く。ぶりに色がついたら、汁けをきった香味野菜をのせて火が通るまで焼く。

033

下準備 3分　**調理 10分**

ぶりの甘辛コチュジャン焼き弁当

定番の照り焼きも、コチュジャンを加えるだけで
マンネリな味つけから脱出できるのです。

厚焼き卵

材料(1人分)

ごま油…適量

A 卵…2個
〉 砂糖…小さじ1
〉 塩…少々
〉 マヨネーズ…小さじ2

作り方

1 フライパンにごま油を入れて中
火で熱し、混ぜ合わせた**A**を
1/3量流し入れる。

2 表面が半熟状態のうちに奥か
ら手前に卵を折りたたみ、全
体を奥へ移動させる。

3 **1**、**2**を繰り返し、計3回折り
たたむ。

\ 前日の準備トレイ /

卵／ししとう／ぶり／れんこん

タレを
よーく煮詰めて
照りっ照りに仕上げて

つや肌…

ぶりの甘辛コチュジャン焼き

材料(1人分)

ぶり…1切れ
れんこん…20g
ししとう…2本
塩…適量
酒…適量
サラダ油…適量

A 酒…大さじ1
砂糖…大さじ1/2
しょうゆ…大さじ1
みりん…大さじ1
コチュジャン…小さじ2

下準備

・ぶりは塩を振って少しおいたら
水分をふきとり、酒を振ってお
く。
・れんこんはいちょう切りにし、
水にさらしておく。

作り方

1 フライパンにサラダ油を入れて
中火で熱し、水分をふきとった
ぶりとれんこん、ししとうをじっ
くりと焼く。全体に火が通った
ら**A**を加え、煮からめる。

034

予準備 10分　調理 10分

チーズぶりカツ弁当

魚のなかでカツするのにイチオシなのは、じつはぶり！
出世魚のぶり×カツで受験生にもぴったり！

ソーセージと玉ねぎと
ピーマンのしょうが炒め

<u>材料</u>(1人分)

ソーセージ…1本
玉ねぎ…1/10個
ピーマン（赤、緑）…各1/2個
しょうがのしぼり汁…小さじ1
砂糖…ふたつまみ
しょうゆ…大さじ1
サラダ油…適量

下準備

・ソーセージはひと口大の斜め切
　りに、玉ねぎとピーマンはざく
　切りにする。

作り方

1 フライパンにサラダ油を入れて
　中火で熱し、ソーセージと玉ね
　ぎ、ピーマンを炒め、しょうがの
　しぼり汁と砂糖、しょうゆで味
　つけする。

＼ 前日の準備トレイ ／

ぶり／ソーセージと玉ねぎとピーマン／
キャベツ

塩もみキャベツ

材料(1人分)
キャベツ…2枚
塩…少々

下準備
・キャベツは千切りにし、塩を振っておく。

作り方
1 キャベツの水分をしぼって、容器に詰める。

チーズぶりカツ

材料(1人分)
ぶり…1切れ
粉チーズ…適量
塩、こしょう…適量
パン粉…適量
サラダ油…適量

〔バッター液〕
A 卵…1/2個
小麦粉…大さじ2
水…大さじ1

下準備
・ぶりは塩を振って少しおいたら水分をふきとり、塩、こしょう、粉チーズを振り、混ぜ合わせた**A**、パン粉の順に衣をつける。

作り方
1 フライパンにサラダ油を2cm分入れて中火で熱し、ぶりを入れて火が通るまでからりと揚げる。

035

★☆ 下準備 **5**分　☀ 調理 **10**分

まぐろとたけのこ煮弁当

某シュウマイ屋さんのお弁当に入っている、
あのまぐろ&たけのこ。あれだけをたくさん
食べたい人は、私だけではないはず……。

＼ 前日の準備トレイ ／

卵／しょうが／キャベツとにんじん／
たけのこ／まぐろ

まぐろと
たけのこ煮

材料(1人分)
まぐろ(刺身用)…1/2柵
たけのこ…20g

A{
しょうが…1かけ
酒…大さじ2
砂糖…大さじ2
しょうゆ…大さじ3
みりん…大さじ2
水…100ml
}

下準備

・まぐろは2cm角に、たけのこは
　1.5cm角に切る。

作り方

1 鍋にAを入れて中火で熱し、
たけのこを入れて5分ほど煮た
らまぐろを加えて強火にする。
再沸騰したら中火にし、10分
ほど煮る。

*前日に作っておくと、より味が
　染みておいしいです。

カジキ、キハダ、メバチ、ビンチョウ、
いろんなまぐろで作ってみても◎

キャベツの
しょうがあえ

材料(1人分)

キャベツ…1枚
にんじん…10g
しょうがのしぼり汁…小さじ1
塩…少々
ごま油…小さじ1

下準備

・キャベツはざく切りに、にんじ
 んは千切りにし、塩を振ってお
 く。

作り方

1 キャベツとにんじんの水分を
 しっかりしぼり、しょうがのし
 ぼり汁とごま油であえる。

だし巻き卵

材料(1人分)

ごま油…適量

A 卵…2個
〜 砂糖…小さじ1/2
〜 昆布茶…小さじ1
〜 マヨネーズ…小さじ1
〜 水…大さじ1

作り方

1 フライパンにごま油を入れて中
 火で熱し、混ぜ合わせた**A**を
 1/3量流し入れる。

2 表面が半熟状態のうちに奥か
 ら手前に卵を折りたたみ、全
 体を奥へ移動させる。

3 1、2を繰り返し、計3回折り
 たたむ。

036

下準備 **3**分　調理 **10**分

まぐろの和風ピカタ弁当

肉で作るのが定番のピカタも、しょうゆで
下味をつけた魚で作ると新鮮な味わいに。
さめてもしっとり、口あたりもグーです。

魚が苦手な
子どもにもきっと
ウケます

＼ 前日の準備トレイ ／

まぐろ／卵／なす／玉ねぎ／
ピーマン

なすのピリ辛 みそ炒め

材料(1人分)

なす…1/2本
玉ねぎ…1/10個
ピーマン…1/2個
ごま油…大さじ1

A 酒…小さじ1
〉 砂糖…小さじ1
〉 しょうゆ…小さじ1
〉 みそ…小さじ1
〉 ラー油…小さじ1

下準備

・玉ねぎとピーマンは食べやすい
大きさのざく切りにする。

作り方

1 なすは乱切りにする。

2 フライパンにごま油を入れて中
火で熱し、野菜を入れて炒め
る。火が通ったら混ぜ合わせ
た**A**を加え、炒め合わせる。

まぐろの 和風ピカタ

材料(1人分)

まぐろ(刺身用)…1/2冊
卵…1個
小麦粉…適量
ごま油…適量

A しょうが(すりおろし)
…小さじ2
〉 しょうゆ…大さじ1
〉 みりん…小さじ2

下準備

・まぐろは食べやすい大きさに切
り、**A**に漬けておく。

作り方

1 まぐろは水分をふきとり、小麦
粉をまぶす。

2 フライパンにごま油を入れて中
火で熱し、溶いた卵にくぐらせ
た**1**を焼く。焼き色がついたら
裏返し、溶き卵の残りも一緒
に流し入れて火を通す。

037

下準備
5分

調理
15分

まぐろのにんにく竜田揚げ弁当

竜田揚げといえば鶏肉を連想しますが、
じつはまぐろで作るのもオススメ。
ほんの少しのにんにくがあと引くうまさです。

まぐろの
にんにく竜田揚げ

<u>材料</u>(1人分)
まぐろ(刺身用)…1/2柵
片栗粉…適量
サラダ油…適量

A 酒…小さじ1
　　砂糖…小さじ1/2
　　しょうゆ…大さじ1
　　みりん…小さじ1
　　にんにく(すりおろし)…小さじ1

下準備
・まぐろは食べやすい大きさに切
　り、**A**に漬けておく。

作り方
1 フライパンにサラダ油を1cm分
　入れて170℃に熱し、水分を
　さっときって片栗粉をまぶした
　まぐろをからりと揚げる。

＼ 前日の準備トレイ ／

じゃがいも／まぐろ／ソーセージ／
玉ねぎとピーマン／キャベツ

かつおで作っても
おいしい！

野菜たっぷり
マスタードジャーマン

<u>材料</u>(1人分)

ソーセージ…1本
キャベツ…1枚
玉ねぎ…1/10個
ピーマン…1/4個
じゃがいも…1個(小)
粒マスタード…小さじ1
コンソメ(顆粒)…ひとつまみ
塩、こしょう…少々
サラダ油…適量

下準備

・ソーセージは斜めに切る。
・キャベツはざく切りに、玉ねぎ
  は薄切りに、ピーマンは細切り
  にする。
・じゃがいもはよく洗ってラップで
  しっかり巻いてから炊飯器に入
  れ、ごはんと一緒に炊く。

作り方

1 フライパンにサラダ油を入れて
  中火で熱し、玉ねぎ、ピーマン、
  ソーセージを入れて炒める。

2 皮をむいて食べやすい大きさ
  に切ったじゃがいも、キャベツ
  を加え、粒マスタード、コンソ
  メで味つけし、塩、こしょうで
  味をととのえる。

NIN
NIKU
POWER…

ムキッ

038

🌙 下準備 **5**分 ☀ 調理 **15**分

鮭のマヨコーン焼き弁当

マヨとコーンは子ども人気の高い一品！
魚が苦手な子でも、これならきっとウケるはず。

アルミホイルを
お弁当箱の形に合わせて
作っておけば楽ちん

材料(1人分)

生鮭…2切れ
玉ねぎ…1/10個
ブロッコリー…2房
しめじ…15g
コーン…大さじ2
薄力粉…適量
塩…適量
酒…小さじ1

A マヨネーズ…大さじ2
めんつゆ…小さじ2

\ 前日の準備トレイ /

コーン／玉ねぎ／鮭／しめじ／
ブロッコリー

下準備
・鮭は塩を振って少しおいたら水
　分をふきとり、酒を振っておく。
・玉ねぎはみじん切りにする。ブ
　ロッコリーは小房に分ける。しめ
　じは根元を切り落としてほぐす。

作り方
1 弁当箱の大きさに合わせてア
　ルミホイルで容器を作る。

2 鮭は水分をふきとって4等分に
　切り、薄力粉をまぶす。

3 玉ねぎ、コーンは**A**と混ぜ合
　わせる。

4 **1**の容器に**2**の鮭をのせ、**3**
　を鮭に塗り、塩少々を振った
　ブロッコリーとしめじを添えて、
　魚焼きグリルで焦げないように
　中火で9分焼く。

039

塩麹鮭と擬製豆腐弁当

しみじみほっこりする擬製豆腐は、優しい味つけで。豆腐と卵が、ふんわり〜と口の中に広がります。

三つ葉ごはん

<u>材料</u>(1人分)

ごはん…適量
三つ葉…2本
塩…少々

下準備

・三つ葉はざく切りにする。

作り方

1 ボウルにごはんを入れ、三つ葉と塩を加えて混ぜ合わせ、俵形に握る。

\ 前日の準備トレイ /

三つ葉／卵／鮭／しいたけ／
カニかま／小ねぎ／にんじん／豆腐

塩麹鮭

材料(1人分)

生鮭…1切れ
塩麹…大さじ1

下準備

・鮭は食べやすい大きさに切り、塩麹に漬けておく。

作り方

1 鮭の塩麹をふきとり、魚焼きグリルで焼く。

擬製豆腐

材料(1人分)

カニかま…1本
木綿豆腐…小1丁(100g)
にんじん…10g
しいたけ…1個
小ねぎ…2本
塩…少々
ごま油…適量

A 卵…1個
めんつゆ…大さじ1

下準備

・にんじん、しいたけはみじん切りに、小ねぎは小口切りにする。

作り方

1 豆腐はキッチンペーパーを巻き、電子レンジで3分加熱して水切りする。

2 フライパンにごま油を入れて中火で熱し、にんじん、しいたけを炒める。にんじんに火が通ったらほぐしたカニかま、小ねぎ、崩した豆腐を加えて塩で味つけし、混ぜ合わせた**A**を流し込む。卵液が少し固まってきたら弱火にし、弁当箱の大きさに合わせて折りたたみ、ふたかアルミホイルをのせ、弱火のままで5分ほど火を通す。

040

下準備 **10**分　調理 **10**分

たらとじゃがいものケチャップチリソース弁当

豆板醤を加えたピリ辛ケチャップと、
淡白な白身魚とのステキなコラボレーション！

千切りピーマンの
スクランブルエッグ

<u>**材料**</u>(1人分)

ピーマン…2個
塩、こしょう…少々
ごま油…適量

A 卵…1個
　〉 砂糖…少々
　〉 鶏ガラスープの素…小さじ1/2
　〉 マヨネーズ…小さじ1/2

下準備

・ピーマンは千切りにする。

作り方

1 フライパンにごま油を入れて中
　火で熱し、ピーマンを炒め、塩、
　こしょうを振る。

2 混ぜ合わせた**A**を流し入れ、
　炒め合わせる。

\ 前日の準備トレイ /

卵／たら／ピーマン／じゃがいも

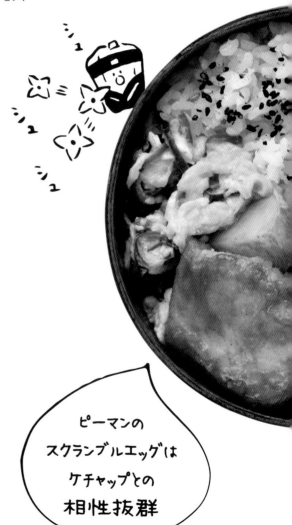

ピーマンの
スクランブルエッグは
ケチャップとの
相性抜群

たらとじゃがいもの
ケチャップチリソース

材料 (1人分)

生たら…2切れ
じゃがいも…小1個
酒…適量
片栗粉…適量
塩、こしょう…少々
ごま油…適量

A 砂糖…小さじ1/2
　 しょうゆ…小さじ1/2
　 豆板醤…小さじ1/2
　 トマトケチャップ…大さじ2

下準備

・たらは塩を振って少しおいたら
　水分をふきとり、酒を振ってお
　く。
・じゃがいもはよく洗ってラップで
　しっかり巻いてから炊飯器に入
　れ、ごはんと一緒に炊く。

作り方

1 じゃがいもは皮をむき、ひと口
　　大に切る。

2 たらは水分をふきとって、塩、
　　こしょうと片栗粉をまぶす。フ
　　ライパンにごま油を1cm分入れ
　　て中火で熱し、たらを両面揚
　　げ焼きにする。余分な油をふ
　　きとり、じゃがいもと、混ぜ合
　　わせたAを加え、炒め合わせ
　　る。

041

下準備 **10**分
調理 **10**分

たらの紅葉焼き弁当

すりおろしたにんじんで色鮮やかな紅葉焼きは、
マヨネーズと合わせることで誰もが食べやすい
味つけに。

たらの紅葉焼き

<u>材料</u>(1人分)
生たら…2切れ
小麦粉…少々
塩…適量
酒…適量
サラダ油…適量
A にんじん(すりおろし)…大さじ1
マヨネーズ…大さじ2
みそ…小さじ1

下準備
・たらは食べやすい大きさに切
　り、塩を振って少しおいたら水
　分をふきとり、酒を振っておく。

作り方
1 たらの水分をふきとって片面に
　小麦粉をまぶし、魚焼きグリ
　ルで3〜4分焼く。混ぜ合わせ
　た**A**を塗り、さらに5分焼く。

＼ 前日の準備トレイ ／

さやいんげん／しめじ／たら／
にんじんすりおろし

魚が苦手でも
マヨネーズ味なら
イケるはず

100

さやいんげんと
しめじのしょうゆあえ

材料(1人分)

さやいんげん…5本
しめじ…15g
だししょうゆ…小さじ2

下準備

・さやいんげんはゆでて、3～
4cm長さに切っておく。しめじ
は根元を切り落としてほぐし、
ゆでておく。

作り方

1 さやいんげんとしめじを、だし
しょうゆと混ぜ合わせる。

042

下準備 **5**分　調理 **10**分

あじの蒲焼き丼

すべて「大さじ1」の合わせ調味料で、
簡単蒲焼きのできあがり。
さんしょうを少し振って、香りも楽しんで。

材料(1人分)

ごはん…適量
あじ…1尾
大葉…2枚
しょうがの甘酢漬け…適量
焼きのり…全形1/2枚
塩…適量
酒…適量
薄力粉…少々
さんしょう…適量
いりごま(白)…適量
ごま油…適量

A 酒…大さじ1
　　砂糖…大さじ1
　　しょうゆ…大さじ1
　　みりん…大さじ1

＼ **前日の準備トレイ** ／

焼きのり／大葉／
しょうがの甘酢漬け／あじ

大葉や三つ葉は空気でふくらませたポリ袋にふんわりと入れて冷蔵庫で保存すると、しなっとせず鮮度を保てます！

刻んで添えた
甘酢しょうがが
甘辛タレにぴったり

下準備
・あじは骨をとって食べやすい大きさに切る。塩を振って少しおいたら水分をふきとり、酒を振っておく。

作り方

1 あじは水分をふきとり、薄力粉をまぶす。フライパンにごま油を入れて中火で熱し、あじの両面をじっくりと焼く。余分な油をふきとり、混ぜ合わせた**A**を入れて煮からめ、さんしょうを振る。

2 ごはんを容器に入れ、刻んだしょうがの甘酢漬け、のり、大葉をのせ、**1**のあじをのせていりごまを振る。

０４３

あじのさんが焼き弁当

薬味と大葉が、お魚のくさみを消してくれます！

あじのさんが焼き

材料(1人分)
あじ…1尾(中) ＊刺身用でも可
大葉…6枚
ねぎ…2cm
サラダ油…適量

A 酒…小さじ1
　 砂糖…ひとつまみ
　 しょうゆ…小さじ1/2
　 みそ…小さじ1/2
　 しょうが(すりおろし)
　　…1かけ分

下準備
・あじは骨をとり、包丁でよくたたく。
・大葉4枚とねぎはみじん切りにし、あじと**A**と混ぜ合わせて2個に成形し、大葉を巻く。

作り方
1 フライパンにサラダ油を入れて中火で熱し、あじを入れて3分焼き、裏返したらふたをしてさらに3分焼く。

＼ **前日の準備トレイ** ／

かぶ／梅干し／卵／小ねぎ／あじと大葉

かぶの梅あえ

材料(1人分)
かぶ…1/2個
塩…少々
梅干し…1個

下準備
・かぶは、白い部分は薄切りに、葉っぱの部分はざく切りにして、塩もみしておく。

作り方
1 かぶは水分をしぼり、種をとってたたいた梅とあえる。

ねぎ入り卵焼き

材料(1人分)
ごま油…適量

A 卵…1個
　 小ねぎ…2本
　 砂糖…小さじ1/2
　 塩…少々
　 マヨネーズ…小さじ1

下準備
・小ねぎは小口切りにする。

作り方
1 フライパンにごま油を入れて中火で熱し、混ぜ合わせた**A**を半量流し入れる。

2 表面が半熟状態のうちに奥から手前に卵を折りたたみ、全体を奥へ移動させる。

3 あいたスペースにごま油を薄くひき、残りの**A**を流し入れ、奥から手前に折りたたむ。

薬味が
効いてるから
さめてもおいしい!

O44

下準備 **10**分　調理 **15**分

えびシュウマイときくらげの卵炒め弁当

蒸し器がなくても、じつはフライパンで簡単に作れちゃうシュウマイ。
きくらげの炒め物との相性も最高！

きくらげの卵炒め

材料(1人分)

きくらげ(乾燥)…2g
小松菜…2株
塩、こしょう…適量
オイスターソース…小さじ1/2
ごま油…適量

A 卵…1個
〉 砂糖…ひとつまみ
〉 鶏ガラスープの素
　　…小さじ1/2
〉 マヨネーズ…小さじ1

B 片栗粉…小さじ1
〉 水…小さじ1

下準備

・きくらげは水で戻しておく。
・小松菜は3〜4cm長さに切って
　おく。

作り方

1 フライパンにごま油を入れて強火で熱し、混ぜ合わせた**A**を流し入れてさっと炒め、別皿にとっておく。

2 フライパンにごま油を入れて中火で熱し、きくらげ、小松菜を炒め、塩、こしょうとオイスターソースで味つけし、卵を戻し入れ、混ぜ合わせた**B**を加えて炒める。

＼ **前日の準備トレイ** ／

小松菜／シュウマイのたね／きくらげ／
卵／シュウマイの皮

包むときはこの持ち方が
オススメ

えびシュウマイ

材料(1人分)

えび…6尾
豚ひき肉…100g
玉ねぎ(みじん切り)
　…1/10個
シュウマイの皮…6枚
片栗粉…適量
塩…少々
水…100ml

A 砂糖…ひとつまみ
　しょうゆ…小さじ1/2
　鶏ガラスープの素
　　…小さじ1/4
　オイスターソース…小さじ1/4
　塩、こしょう…少々
　ごま油…小さじ1

下準備

・えびは殻をむいて背ワタをとり、片栗粉と塩をもみ込んで汚れとくさみを落とし、ぶつ切りにする。

・えびとひき肉、玉ねぎ、**A**を混ぜ合わせておく。

作り方

1 シュウマイの皮でたねを包む。

2 フライパンを中火で熱し、シュウマイを並べる。水を入れてふたをし、弱火で8分ほど焼く。ふたをとり、強火にして軽く水分を飛ばす。

045

下準備 **10**分　調理 **10**分

えびフライ弁当

お弁当のえびは、きちんと下処理をするのが
おいしさの最大のコツ。くさみをしっかりとっ
てから調理しましょう!

これは
素晴らしい
ターンです!!

塩昆布キャベツ

材料(1人分)
キャベツ…2枚
塩昆布…小さじ1
レモン汁…小さじ1

下準備
・キャベツは千切りにし、塩昆布
　と合わせておく。

作り方

1 キャベツの水分をしぼり、レモ
　ン汁を加えてあえる。

＼ **前日の準備トレイ** ／

レモン／キャベツ／じゃがいも／
青のり／えび

粉ふきいも

材料(1人分)

じゃがいも…1個
青のり…少々
塩…少々
水…100ml

作り方

1 じゃがいもは皮をむいてひと口大に切る。耐熱ボウルに水とじゃがいもを入れ、電子レンジで3分加熱する（硬いようなら追加で10秒ずつ加熱する）。

2 水けをきって塩を振り、ボウルを揺らすように振って混ぜ合わせ、青のりをまぶす。

えびフライ

材料(1人分)

えび…6尾
パン粉…適量
片栗粉…適量
塩、こしょう…適量
揚げ油…適量

〔バッター液〕
A 卵…1/2個
　小麦粉…大さじ2
　水…大さじ1

下準備

・えびは塩と片栗粉をもみ込み、少しおいたらよく洗って水分をふきとり、塩、こしょうを振り、混ぜ合わせた**A**、パン粉の順に衣をつける。

作り方

1 170℃に熱した揚げ油で、えびをきつね色にからりと揚げる。

えびは丸まったまま揚げれば 手間も省けて詰めやすい

046

準備 5分　調理 10分

刺身のごまから揚げ弁当

白＆黒のいりごまの衣が、風味の
いい仕上がりに。ほんのり効いて
るわさびが、ちょっぴり大人味。

春菊とえのきだけの
しょうゆ炒め

<u>**材料**</u>(1人分)
春菊…2株
えのきだけ…20g
だししょうゆ…小さじ1
サラダ油…適量

下準備
・春菊は3〜4cm長さに切る。え
　のきだけは根元を切り落として
　ほぐしておく。

作り方
1 フライパンにサラダ油を入れて
　中火で熱し、春菊とえのきだけ
　をさっと炒め、だししょうゆで
　味をととのえる。

＼ **前日の準備トレイ** ／

えのきだけ／刺身／春菊／卵

刺身のごまから揚げ

材料(1人分)

刺身(残り物や切れ端など)
　…100g
いりごま(白、黒)…適量
片栗粉…大さじ2
サラダ油…適量

A 酒…小さじ1
　　砂糖…小さじ1/2
　　しょうゆ…大さじ1
　　みりん…小さじ2
　　わさび…大さじ1

下準備

・刺身は**A**に漬けておく。

作り方

1 いりごまと片栗粉を混ぜ合わせ、水分をふきとった刺身にまぶす。

2 フライパンにサラダ油を2cm分入れて中火で熱し、**1**をからりと揚げる。

鯛、まぐろ、サーモン、かつお……
残り物の刺身ならなんでもOK

半月焼き

材料(1人分)

卵…1個
だししょうゆ…小さじ1
ごま油…適量

作り方

1 フライパンにごま油を入れて中火で熱し、卵を割り入れる。白身が固まってきたら黄身を少しつぶし、半分に折りたたむ。ふたをして弱火で2分焼いたらだししょうゆを加えてからめ、とり出して食べやすい大きさに切る。

お弁当用の卵焼きについ

卵1コで作ります!

卵は溶きすぎないように、白身を切るようにさっくり混ぜたらもう大丈夫。油は酸化しにくいごま油を使うと時間がたってもおいしいです。

1

卵がブクブクとするのを待つ

フライパンを強めの中火でしっかりと熱し、油(小さじ1程度)を加えて卵液を半量流し込みます。ジュワ〜ッと音がするのが正解です。

2

端の卵をよせる

ここからは時間との勝負です。端をヘラでキュキュッと寄せます。5cmくらいの幅を目指します。

3

もう片方の端もよせる

こちらも同じく時間との勝負!ここで時間をかけすぎると、ふんわりおいしい卵焼きになりません!

4

長方形に形を整える

きれいな長方形になるように、形を整えます。この段階では、まだ半熟状態であるのが理想です。急いで!

5

向こう側から巻き始める

ヘラで奥のほうから巻いていきます。ここでのポイントは、なるべく巻く回数を多くして、厚みを出すこと。

××××年☆月◆日 第3号
発行：お弁当委員会

弁当の卵焼きって、小さく作りたいけど卵1個じゃペ
ペラの薄い仕上がりになっちゃうし……とお悩みの
へ。ここでは、ミニフライパンを使った、薄くならな
簡単卵焼きの作り方をご紹介！

6 終わりまで巻く

ここで第1回戦終了。巻き終
わったら奥へずらして第2回
戦に備えます。ここでも油
断せず手早く！

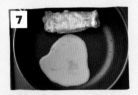

7 手前を空けて残りの卵液を流す

手前のあいたスペースに薄
く油をひき、残りの卵液を
流し入れます。このときも中
火をキープ。

8 左右の端をそろえるように形を整える

②、③と同じように両端を
キュキュッとヘラで整えま
す。このときもまだ半熟状態
が理想、あまりこだわりす
ぎずに手早く！

9 向こう側から手前に巻く

⑤と同じように、向こう側か
ら手前に向かって巻いてい
きます。急がないと焦げちゃ
う！（あれ？　もう焦げてる？）

10 巻き終えたら形を整えて出来上がり

さらに形を整えたいときは、
卵焼きをラップに包んで数
分置いておきます。さめる
ころにはきれいな長方形に
なっています。

047-068
麺のお弁当

メモ

いまや定番となりつつある麺弁当は、お弁当
のマンネリ化の救世主です。この章では「数
時間後もおいしい麺弁当」の作り方をご紹介。
つけて、ぶっかけておいしいそうめんの食べ
方から、そばにうどん、中華麺など盛りだくさ
ん。大人気のパスタ弁当も、もちろんチョイス。
スープジャーを使って、数時間後でも熱々や冷
え冷えのおいしい麺が食べられるのって、本
当にうれしいもの。家族からのリクエスト増加
も間違いなしです!

MAYA

047

 下準備 **10**分 調理 **5**分

サラダうどん

暑い季節にオススメのサラダうどん。
しっかり保冷して持ち運べば、
昼でもシャキッとおいしく食べられます!

保冷剤で
しっかり冷やして
持っていってね

材料(1人分)

うどん(流水麺など)…1人前
シーチキン…1缶
カニかま…適量
卵…1個
にんじん…10g
きゅうり…1/2本
サニーレタス…2枚
ミニトマト…2個
揚げ玉…適量
めんつゆ(希釈したもの)…50ml

A 砂糖…ひとつまみ
マヨネーズ…大さじ1

＼ 前日の準備トレイ ／

うどん／きゅうり／ミニトマト／サニーレタス／
にんじん／揚げ玉／カニかま／ゆで卵／シーチキン

下準備

・カニかまは切ってほぐしておく。
・鍋に湯を沸かし、冷蔵庫からとり出した卵を入れて9分ゆで、冷水にとる。
・にんじんは千切りにする。

作り方

1 きゅうりは斜め薄切りにする。シーチキンは汁けをきり、**A**で味つけする。

2 うどんを容器に入れ、カップに入れた揚げ玉とミニトマトをのせる。

3 別の容器にサニーレタスを敷き、カニかま、にんじん、殻をむいて半分に切ったゆで卵、1のシーチキン、きゅうりをのせ、容器に入れためんつゆを添える。

持っていくときは
めんつゆも一緒に

048

🌙 下準備 **5**分　☀️ 調理 **10**分

きのこと三つ葉のうどん

いろいろなきのこの旨みが染み出たつけ汁に、
三つ葉の風味がナイスマッチ〜！

材料(1人分)

うどん(流水麺など)…1人前
きのこ(しいたけ、しめじ、
エリンギ、まいたけなど)…計100gくらい
ねぎ…3cm
三つ葉…適量

A だし…300ml
〉 しょうゆ…大さじ1
〉 みりん…大さじ1
〉 塩…少々
＊めんつゆでも可

＼ 前日の ／
準備トレイ

うどん／ねぎ／三つ葉／きのこ

お好きなきのこを
どっさりどうぞ

下準備

・きのこは根元を切り落とし、食べやすい大きさに切る。ねぎは小口切りにする。

作り方

1 鍋に**A**を入れて中火で熱し、きのこを加えて10分ほど煮る。

2 保温容器に**1**を入れて、ねぎを加える。別の容器にひと口大に丸めたうどんを入れて、ざく切りにした三つ葉をのせる。

049

キムチ焼きうどん

スタミナばっちりなこの焼きうどん。
においを気にしなくていい日にガッツリどうぞ！

材料(1人分)

うどん…1玉　＊焼きうどん用でも可
豚ロース薄切り肉…50g
温泉卵…1個
しめじ…20g
ねぎ…5cm
にら…3本
キムチ…30g
しょうゆ…大さじ1
だしの素(顆粒)…小さじ1
ごま油…適量
こしょう…適量
ラー油…適量

＼ **前日の準備トレイ** ／

うどん／しめじ／温泉卵／豚ロース薄切り肉／
キムチ／にら／ねぎ

具 だくさんにすると
さめても 麺 が
ほぐれやすくてGOOD

下準備
・豚肉はひと口大に切る。
・しめじは根元を切り落として小
　房に分ける。ねぎは斜め切りに、
　にらは3〜4cm長さに切る。

作り方
1 うどんは耐熱容器に入れてラッ
　プをし、電子レンジで2分加熱
　し、水にくぐらせてざるにあげ
　ておく（焼きうどん用の場合は
　不要）。

2 フライパンにごま油を入れて中
　火で熱し、豚肉を炒める。肉
　の色が変わったらキムチとほ
　かの野菜を加えて炒め、うどん
　を加えて、しょうゆ、だしの素
　で味つけする。

3 2を容器に入れ、こしょうを振
　り、ラー油をかける。食べる
　際に温泉卵を割り入れる。

ほうとう風うどん

かぼちゃの甘みでほっこり、野菜たっぷりで栄養満点！
熱々に温めて持っていって。

材料(1人分)
うどん（流水麺など）…1人前
豚こま切れ肉…30g
大根…3cm
にんじん…1/10本
かぼちゃ…50g
しいたけ…1個
白菜…1枚
ねぎ…3cm
だし…300ml
みそ…適量
七味とうがらし…適量

＼ 前日の準備トレイ ／

白菜／かぼちゃ／ねぎ／にんじん／
大根／豚こま切れ肉／しいたけ／うどん

下準備
・豚肉はひと口大に切る。
・大根とにんじんはいちょう切り
に、かぼちゃは種をとり除いて
薄切りに、しいたけは軸を切り
落として食べやすい大きさに切
り、白菜はざく切りに、ねぎは
斜め切りにする。

作り方

1 鍋にだしを入れて中火で熱し、
大根、にんじん、しいたけ、
白菜を入れて煮込む。

2 大根に火が通ったら、豚肉、
かぼちゃを加える。豚肉に火
が通ったらみそを入れて味をと
とのえる。

3 うどんをひと口大に丸めて容器
に入れ、七味を振る。**2**を保
温容器に入れ、ねぎを加える。

051

★☆ 準備 **5**分　☀ 調理 **10**分

おそば屋さんのカレー南蛮うどん

こちらのシンプルなカレー南蛮は、玉ねぎがたっぷり入った
街のおそば屋さん風に仕上げてみました。

材料(1人分)

うどん(流水麺など)…1人前
鶏もも肉…30g
かまぼこ…2切れ(10g)
油揚げ…1/2枚
玉ねぎ…1/10個
しいたけ…1個
ねぎ(青い部分)…5cm
カレー粉…大さじ1
めんつゆ(希釈したもの)…300ml
ごま油…適量

A 片栗粉…小さじ2
〜 水…小さじ2

\ 前日の準備トレイ /

鶏もも肉／ねぎ／かまぼこ／
油揚げ／玉ねぎ／しいたけ／
うどん

下準備

・鶏肉はひと口大に切る。油揚げ
　は細切りにする。
・玉ねぎは薄切りに、しいたけは
　軸を切り落として薄切りに、ね
　ぎは斜め薄切りにする。

作り方

1 フライパンにごま油を入れて中
火で熱し、鶏肉と玉ねぎを入
れて炒める。肉の色が変わっ
たら、しいたけ、油揚げを入れ、
めんつゆとカレー粉を加えてひ
と煮立ちさせる。

2 混ぜ合わせた**A**を**1**に加え、
中火のままで混ぜながらとろみ
をつける。

3 うどんをひと口大に丸めて容器
に入れ、かまぼこをのせる。

4 **2**を保温容器に入れ、ねぎを
のせる。

おそば屋さんの
あの味が
お弁当で楽しめる!

052

ピリ辛みそ坦々うどん

白みそを使ってコックリと仕上げた坦々汁。
お好みで、さんしょうやラー油で辛みを足してもグー!

材料(1人分)

うどん(流水麺)…1人前
豚ひき肉…50g
チンゲンサイ…3枚
ねぎ…5cm
しょうが…1かけ
水…300ml
食べるラー油(普通のラー油でも可)…大さじ1
さんしょう…少々
サラダ油…適量

A 砂糖…小さじ1/2
〉 白みそ…大さじ1
〉 鶏ガラスープの素…小さじ2
〉 ねりごま(白)…大さじ2

＼ **前日の準備トレイ** ／

うどん／豚ひき肉／チンゲンサイ／
白髪ねぎ／ねぎとしょうがのみじん切り

下準備

・ねぎは、外側の白い部分は白
髪ねぎに、内側はみじん切りに
する。しょうがはみじん切りに
する。

作り方

1 耐熱ボウルにチンゲンサイを
入れ、電子レンジで30秒加熱
する。

2 フライパンにサラダ油を入れて
中火で熱し、みじん切りにした
ねぎとしょうがを炒める。香り
が出たらひき肉を加えて炒め、
ひき肉に火が通ったら水を加

え、**A**を入れて味をととのえる。
食べるラー油を入れて混ぜ合
わせ、保温容器に入れ、さん
しょうを振る。

3 うどんをひと口大に丸めて別
の容器に入れ、**1**のチンゲン
サイと白髪ねぎをのせる。

麺のお弁当

053

ラー油たっぷり豚バラねぎそば

ラー油とそばって、じつは相性抜群なんです。
スープジャーを使えば、時間がたっても超美味です。

材料(1人分)
そば(流水麺など)…1人前
豚バラ薄切り肉…50g
ねぎ…5cm
ラー油…大さじ1
ごま油…適量

A だし…300ml
　 しょうゆ…大さじ1
　 みりん…大さじ1
　 塩…少々
※めんつゆでも可

\ **前日の準備トレイ** /

ねぎ／豚バラ薄切り肉／そば

あつい あつい

辛いのがお好きなら
ラー油は増し増しで
いっちゃって

下準備
・豚肉は食べやすい大きさに切る。
・ねぎは斜め切りにする。

作り方

1 フライパンにごま油を入れて中火で熱し、豚肉を炒め、**A**とラー油を加えて沸騰させる。

2 1を保温容器に入れ、ねぎを加える。

3 そばをひと口大に丸めて、別の容器に入れる。

054

下準備 5分　調理 5分

冷やしぶっかけたぬきそば

我が家の定番弁当のひとつがこれ。ミニサイズの
納豆をかけて、味変しながら食べるのがオススメ!

材料(1人分)

そば(流水麺など)…1人前
かまぼこ…3切れ(15g)
油揚げ…1/2枚
納豆…1パック(小サイズ)
揚げ玉…適量
わかめ(乾燥)…10g
ねぎ…3cm
貝割れ菜…20g
めんつゆ(希釈したもの)…100ml

A 砂糖…ひとつまみ
しょうゆ…小さじ2
水…小さじ2

\ 前日の準備トレイ /

揚げ玉／ねぎ／わかめ／納豆／
貝割れ菜／かまぼこ／油揚げ／そば

下準備

・油揚げは1cm幅に切る。
・わかめは戻しておく。
・ねぎは小口切りにする。

作り方

1 耐熱ボウルに**A**と油揚げを入
れて、電子レンジで1分加熱す
る。

2 そばをひと口大に丸めて容器
に入れ、かまぼこ、**1**の油揚
げ、カップに入れた揚げ玉、
わかめ、ねぎ、貝割れ菜をの
せ、納豆とめんつゆを添える。
食べる際に納豆も加え、めん
つゆをかけていただく。

納豆は
食べるときに
IN!

持っていくときは
めんつゆも一緒に

055

下準備 **5**分 / 調理 **10**分

なすとお肉の旨味うどん

2種類の肉の旨みがつけ汁に広がる、我が家の
大定番。麺は、うどんでもそうめんでも合います。

材料(1人分)

うどん(流水麺など)…1人前
豚バラ薄切り肉…20g
鶏もも肉…20g
なす…1個
ねぎ…5cm
しいたけ…1個
ごま油…大さじ1
ラー油…大さじ1

A だし…300ml
しょうゆ…大さじ1
みりん…大さじ1
塩…少々

＊めんつゆでも可

\ 前日の /
準備トレイ

なす／しいたけ／ねぎ／
豚バラ薄切り肉／鶏もも肉／うどん

下準備

・豚肉と鶏肉は小さめのひと口大
　に切る。
・ねぎは1cm幅に切る。

作り方

1 なすは1cm角に切り、水にさら
　す。しいたけは1cm角に切る。

2 フライパンにごま油を入れて中
　火で熱し、鶏肉と豚肉を炒め
　る。水けをきったなすとねぎ、
　しいたけを入れて炒めたら、
　Aを加えて煮込む。仕上げに
　ラー油を加え、保温容器に入
　れる。

3 うどんをひと口大に丸めて、別
　の容器に入れる。

ホントあついですね〜
です〜

鶏と豚の
ダブル使いでコクが
増し増し〜

どーも
どーも

あつい
ですね〜

056

下準備 **10**分　調理 **10**分

えびと春菊のかき揚げそば

弁当箱開けたらかき揚げそばって、ちょっとした
サプライズ。かき揚げは、えびだけでなくほたて
やちくわで作ってもグー。

お手をどうぞ マドモアゼル…

もちろんですわ ムッシュー…

材料(1人分)
そば(流水麺など)…1人前
えび…6尾
春菊…2株
ねぎ…3cm
片栗粉…適量
塩…適量
天ぷら粉…適量
揚げ油…適量
めんつゆ(希釈したもの)…100ml

\ 前日の
準備トレイ /

そば／ねぎ／えび／春菊

下準備
・えびは殻をむいて背ワタをとり、
片栗粉と塩をもみ込んで汚れと
くさみを落としておく。

・春菊はざく切りに、ねぎは小口
切りにする。

作り方
1 春菊とえびを水で溶いた天ぷ
ら粉にくぐらせ、170℃に熱し
た揚げ油で揚げる。

2 ひと口大に丸めたそばと**1**を
容器に入れ、ねぎとめんつゆ
を添える。

流水麺は
水でほぐさず めんつゆで
ほぐすのが美味

持っていくときは
めんつゆを別の容器に！

057

千準備 **40**分　調理 **5**分

冷やし鶏塩ラーメン

自家製のスープは汁を飲みほせちゃうほど
優しい味。水菜のトッピングはマストです！

材料(1人分)

中華麺…1玉　＊ゆでないタイプでも可
鶏もも肉…100g
卵…1個
水菜…30g
もやし…1/4袋
メンマ…適量
ねぎ…3cm
ねぎ(青い部分)…10cm
しょうが…1かけ
ごま油…小さじ1
水…500ml

A 鶏ガラスープの素…小さじ2
　　塩…小さじ1/2
　　こしょう…少々
　　すりごま(白)…小さじ1

＼ **前日の** ／
＼ **準備トレイ** ／

中華麺／鶏もも肉／鶏のゆで汁／
メンマ／ねぎ／もやし／ゆで卵／水菜

下準備

・鍋に水とねぎの青い部分、しょうがを入れて沸騰させ、鶏肉をゆでる。弱火で15分ゆでたら火を消して、ふたをして20分おく（ゆで汁はとっておく）。鶏肉をとり出し、粗熱がとれたら薄切りにする。

・鶏肉のゆで汁300mlに **A** を入れてひと煮立ちさせ、粗熱がとれたら冷蔵庫で冷やしておく。

・鍋に湯を沸かし、冷蔵庫から取り出した卵を入れて9分ゆで、冷水にとる。

・水菜は根元を切り落とし、3〜4cm長さに切る。ねぎは小口切りにする。

作り方

1 耐熱用のポリ袋にもやしを入れ、電子レンジで1分30秒加熱し、水けをしぼる。

2 鍋に湯を沸かして中華麺をゆで、ざるにあげる。水けをふきとり、ごま油であえて容器に盛る。

3 2に鶏肉、殻をむいて半分に切ったゆで卵、メンマ、水菜、もやし、ねぎをのせる。保温容器に冷やしておいたスープを入れる。

中華麺は、ゆでないタイプもオススメ

五目冷やし中華

ラーメン屋さんの冷やし中華みたいに具だくさん！
保冷剤で冷やして持っていけば
暑さもふっ飛びます。

材料(1人分)

中華麺…1玉
*ゆでないタイプでも可
ハム…2枚
きくらげ…5g
きゅうり…1本
もやし…1/2袋
ミニトマト…1個
サラダ油…適量
ごま油…適量

A 卵…1個
　　砂糖…小さじ1/2
　　塩…少々
　　マヨネーズ…小さじ1

B 昆布ポン酢…大さじ2
　　砂糖…小さじ1
　　ごま油…小さじ1

\ 前日の準備トレイ /

きゅうり／ハム／卵／ミニトマト／
もやし／きくらげ／中華麺

下準備

・きくらげは水で戻しておく。

作り方

1〔錦糸卵を作る〕フライパンに
サラダ油を入れて弱火で熱し、
混ぜ合わせた**A**を入れて薄く
広げる。ふたをして1分焼いた
ら火を止め、余熱で火を通す。
とり出して幅をそろえて重ね、
端から細切りにする。

2 ハム、きゅうり、きくらげは細
切りにする。

3 耐熱用のポリ袋にもやしを入
れ、電子レンジで1分30秒加
熱し、水けをしぼる。

4 鍋に湯を沸かして中華麺をゆ
で、ざるにあげる。水けをふ
きとり、ごま油であえて容器に
盛り、具材を並べてのせる。

5 Bを混ぜ合わせ、容器に入れ
る。食べる際に**4**にかける。

このタレは
酸味抑えめ。
子どもでもおいしく
食べられます

持っていくときは
タレも一緒に

059

準備 **5分**
調理 **10分**

中華あんかけ焼きそば

あんかけはスープジャーに入れて持っていけ
ば、時間がたってもとろみもそのまま。熱々を
めしあがれ！

材料(1人分)

焼きそば麺…1玉
豚ロース薄切り肉…50g
かまぼこ…3切れ(15g)
ピーマン…1/2個
にんじん…10g
しいたけ…1個
たけのこ(細切り)…10g
うずらの卵(水煮)…3個
ごま油…適量

A オイスターソース…小さじ1
  鶏がらスープの素…小さじ2
  砂糖…ひとつまみ
  水…150ml

B 片栗粉…小さじ2
  水…小さじ2

＼ **前日の準備トレイ** ／

かまぼこ／うずらの卵／焼きそば麺／
たけのこ／にんじん／ピーマン／
しいたけ／豚ロース薄切り肉

具材は
冷蔵庫にある野菜なら
なんでもアリ

下準備

・豚肉は1cm幅に切る。
・ピーマンはヘタと種をとって細
　切りに、にんじんは短冊切りに、
　しいたけは軸を切り落として薄
　切りにする。

作り方

1 フライパンにごま油を入れて
　中火で熱し、豚肉、にんじん、
　たけのこを炒め、豚肉に火が
　通ったら細切りにしたかまぼこ
　と残りの具材を加え、混ぜ合
　わせた**A**を入れてひと煮立ち
　させる。混ぜ合わせた**B**でと
　ろみをつけたら、保温容器に
　入れる。

2 フライパンにごま油を入れて中
　火で熱し、焼きそば麺を入れ
　て焦げ目がつくまで炒め、容
　器に入れる。食べる際に**1**を
　かける。

060

下準備
5分

調理
10分

肉みそ焼きそば

家で作る肉みそも、テンメンジャンがあれば
本格的な味に！　さめてもおいしいし、スープ
ジャーで熱々のまま持っていくのもありです。

材料(1人分)

焼きそば麺…1玉
豚ひき肉…100g
ねぎ…5cm
しいたけ…1個
チンゲンサイ…3枚
しょうが…1かけ
酒…小さじ1
テンメンジャン(みそでも可)…大さじ2
ごま油…適量

A 水…100ml
　鶏ガラスープの素…小さじ1
　砂糖…小さじ1/2
　片栗粉…小さじ1

＼ **前日の準備トレイ** ／

焼きそば麺／チンゲンサイ／豚ひき肉／
白髪ねぎ／しいたけ／ねぎとしょうがのみじん切り

下準備

・ねぎは、外側は白髪ねぎに、
　内側はみじん切りにする。しい
　たけは軸を切り落としてみじん
　切りにする。しょうがはみじん
　切りにする。

作り方

1 鍋に湯を沸かし、チンゲンサ
　イをゆでる。

2 フライパンにごま油を入れて中
　火で熱し、しょうがとみじん切
　りのねぎを加える。香りが立っ
　たらひき肉と酒を入れて炒め、
　しいたけ、テンメンジャンを加
　えて炒め合わせる。全体に火
　が通ったら**A**を加えてとろみを
　つける。

3 フライパンにごま油を入れて中
　火で熱し、焼きそば麺を入れ
　て焦げ目がつくまで炒めて、容
　器に入れる。真ん中にくぼみを
　作り、**1**のチンゲンサイ、白髪
　ねぎの上に**2**をのせる。

麺の上にゆでた
チンゲンサイを敷けば
タレが麺に染み込みません!

061

★☾ 下準備 **3**分　☀ 調理 **10**分

豚バラと白菜のこく旨あんかけ焼きそば

白菜の旨みがギューッと詰まったあんかけは、
豚バラ肉との相性が最高。お好みでからしを
つけても美味。

ジャーで持ち出せば
昼でもアッツアツの
あんかけが楽しめる♪

材料(1人分)

焼きそば麺…1玉
豚バラ薄切り肉…100g
白菜…5枚
酒…大さじ1
水…100ml
ごま油…適量

A 鶏ガラスープの素…小さじ2
　 砂糖…ふたつまみ
　 塩…小さじ1/3
　 こしょう…適量

B 片栗粉…小さじ2
　 水…小さじ2

＼ 前日の準備トレイ ／

焼きそば麺／豚バラ薄切り肉／白菜

下準備

・豚肉はひと口大に切る。
・白菜はざく切りにする。

作り方

1 フライパンにごま油を入れて中
火で熱し、豚肉と白菜を炒める。
豚肉の色が変わったら酒と水
を加え、白菜がくたっとするま
で弱火で煮込み、**A**で味つけ
する。

2 混ぜ合わせた**B**を入れてとろ
みをつけ、保温容器に入れる。

3 フライパンにごま油を入れて中
火で熱し、焼きそば麺を入れ
て焦げ目がつくまで炒め、容
器に入れる。食べる際に**2**を
かける。

持っていくときは
〝あん〟をスープジャーに入れて!

062

🌙 下準備 **3**分　☀️ 調理 **10**分

冷麺風豚キムチそうめん

さっぱり味のスープが暑い日にぴったりです。
豚肉は片栗粉でコーティングすることで、時間
がたってもしっとりやわらか。

材料(1人分)
そうめん…1束
豚ロース薄切り肉…50g
卵…1個
きゅうり…1/2本
りんご…少々
キムチ…50g
片栗粉…小さじ1

〔スープ〕
水…300ml
鶏ガラスープの素…小さじ2
しょうゆ…小さじ2
酢またはレモン汁…小さじ2
みりん…小さじ1
ごま油…小さじ1

＼ 前日の準備トレイ ／

そうめん／ゆで卵／きゅうり／りんご／
キムチ／豚ロース薄切り肉

お好みで酢を
増し増しでも
おいしい!

そうめんは、ペーパーを使ってしっかりと水分をふきとってから詰めます。

下準備

・豚肉はひと口大に切っておく。
・鍋に湯を沸かし、冷蔵庫からとり出した卵を入れて9分ゆで、冷水にとる。
・鍋にスープの材料を入れてひと煮立ちさせ、粗熱がとれたら冷蔵庫で冷やしておく。

作り方

1 きゅうりは細切りに、りんごはいちょう切りにする。

2 鍋に湯を沸かし、片栗粉をまぶした豚肉を入れたら間もなく火を止め、余熱で火を通したらとり出す。

3 鍋に湯を沸かし、そうめんをゆで、ざるにあげる。水けをきり、容器に盛る。

4 3に豚肉、きゅうり、キムチ、りんご、殻をむいて半分に切ったゆで卵をのせる。冷やしておいたスープを保温容器に入れて、食べる際にかける。

063

下準備 **10**分　調理 **10**分

エスニックそうめん

ナンプラーが香る、エスニック風味の豚そうめん。
スープは熱々のままジャーに入れて持っていきましょう。

> パクチーが苦手な
> 水菜や三つ葉で

材料(1人分)

そうめん…1束
豚ロース薄切り肉…30g
卵…1個
赤玉ねぎ…1/10個
パクチー…適量
もやし…1/4袋
レモン(ライムでも可)…1/8個
片栗粉…小さじ1

〔スープ〕
水…300ml
鶏ガラスープの素…小さじ1
ナンプラーまたは魚醤…大さじ1
こしょう…少々

\ **前日の準備トレイ** /

そうめん／赤玉ねぎ／パクチー／レモン／
豚ロース薄切り肉／ゆで卵／もやし

下準備

・豚肉は食べやすい大きさに切る。

・鍋に湯を沸かし、冷蔵庫からとり出した卵を入れて9分ゆで、冷水にとる。

・赤玉ねぎは薄切りに、パクチーはざく切りにする。

作り方

1 耐熱用のポリ袋にもやしを入れ、電子レンジで1分30秒加熱し、水けをしぼる。

2 鍋に湯を沸かし、片栗粉をまぶした豚肉を入れたら間もなく火を止め、余熱で火を通す。

3 鍋に湯を沸かし、そうめんをゆで、ざるにあげる。水けをきり、容器に盛る。

4 別の容器に**2**の豚肉、赤玉ねぎ、パクチー、もやし、レモン、殻をむいて半分に切ったゆで卵をのせる。

5 鍋にスープの材料を入れてひと煮立ちさせる。保温容器に入れ、食べる際に**4**にかける。

064

下準備 **3**分　調理 **10**分

揚げなすのこく旨そうめん

ごま油×なす×シーチキン＋めんつゆ＝最強説。
ごく普通の組み合わせなのに、箸が止まりません！

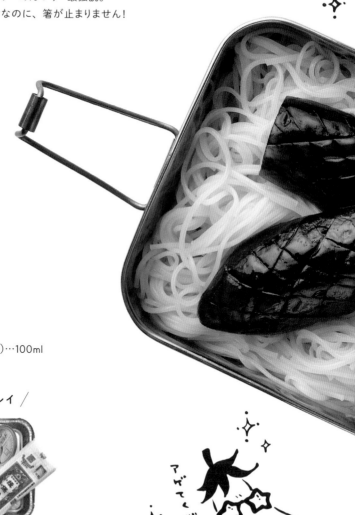

材料(1人分)

そうめん…1束
シーチキン…1/2缶
なす…1本
小ねぎ…適量
めんつゆ…小さじ2
めんつゆ(希釈したもの)…100ml
ごま油…大さじ3

＼ **前日の準備トレイ** ／

小ねぎ／なす／シーチキン／そうめん

下準備
・小ねぎは小口切りにする。

作り方

1 なすはへたを切り落として縦半分に切り、皮目に切り込みを入れる。

2 フライパンにごま油を入れて中火で熱し、なすを焼く。なすに火が通ったら、汁けをきったシーチキンをフライパンの端に入れ、めんつゆで味つけする。

3 鍋に湯を沸かし、そうめんをゆで、ざるにあげる。水けをきり、容器に盛る。

4 3 に粗熱がとれたなすとシーチキン、小ねぎをのせ、別の容器に入れためんつゆを添える。

持っていくときは
めんつゆも一緒に

065

豚しゃぶと香味野菜ののっけそうめん

しっとりやわらかい豚しゃぶと香味野菜が
そうめんとからみ合って、激美味です！

材料(1人分)

そうめん…1束
豚ロース肉(しゃぶしゃぶ用)…100g
ねぎ…5cm
みょうが…1個
貝割れ菜…1/3パック
片栗粉…小さじ1
めんつゆ(希釈したもの)…100ml

＼ 前日の準備トレイ ／

そうめん／豚ロース肉／
ねぎ／みょうが／貝割れ菜

下準備
・ねぎは斜め薄切りに、みょうが
　は縦半分に切ってから、斜め
　薄切りにする。

作り方

1 鍋に湯を沸かし、片栗粉をま
　ぶした豚肉を入れたら間もなく
　火を止め、余熱で火を通す。

2 鍋に湯を沸かし、そうめんをゆ
　で、ざるにあげる。水けをきり、
　容器に盛る。

3 **2**に**1**の豚肉、ねぎ、みょうが、
　貝割れ菜をのせる。食べる際
　に別の容器に入れためんつゆ
　をかけていただく。

我が家では
タレにねりごまを
足すこともあります！

持っていくときは
めんつゆも一緒に

066

下準備 **5**分　調理 **10**分

旨鶏そうめん

じつはこのつゆ、我が家の昔からの雑煮の
つゆでもあるんです。おもちでもおいしいけど、
麺にも合うんだなー、これが!

材料(1人分)
そうめん…1束
鶏もも肉…100g
かまぼこ…3切れ(15g)
白菜…1枚
しいたけ…1個
七味とうがらし…適量

〔スープ〕
だし…300ml
酒…小さじ1
しょうゆ…小さじ2
みりん…小さじ1
塩…小さじ1/3

＼ 前日の準備トレイ ／

そうめん／白菜／かまぼこ／
しいたけ／鶏もも肉

下準備
・鶏肉はひと口大に切る。

作り方
1 白菜はざく切りにする。しいた
けは軸を切り落として薄切りに
する。

2 鍋にスープの材料と鶏肉、野
菜を入れ、弱めの中火であく
をとりながら煮込む。10分ほ
ど煮たら火を止めて保温容器
に入れてかまぼこをのせる。

3 鍋に湯を沸かし、そうめんをゆ
で、ざるにあげる。水けをきり、
容器に入れて七味を振る。

そうめんを
うどんにしても美味

067

⭐🌙 下準備 **5**分　☀️ 調理 **15**分

ソーセージとブロッコリーの ペペロンチーノ

ゆでるときの塩加減で失敗なしのペペロンチーノは、
季節ごとに野菜を変えるのもオススメです。

材料(1人分)

スパゲッティ…100g
ソーセージ…3本
ブロッコリー…5〜6房
にんにく…1かけ
赤とうがらし…2本
コンソメ(顆粒)…ひとつまみ
塩、こしょう…適量
オリーブ油…大さじ2

A 水…1.5ℓ
〳 塩…大さじ1

＼ **前日の準備トレイ** ／

赤とうがらし／にんにく／ソーセージ／
スパゲッティ／ブロッコリー

スパゲッティのゆで汁は、
スープで飲んでもおいしい
くらいの塩分でゆでると◎!

下準備
・ソーセージは斜めに切る。
・ブロッコリーは小房に分ける。
　にんにくはみじん切りにする。

作り方
1 鍋に**A**を入れて沸かし、沸騰
　したらスパゲッティをゆでる。

2 フライパンにオリーブ油を入れ
　て中火で熱し、にんにくを加え
　る。香りが立ったら赤とうがら
　しとソーセージとブロッコリーを
　入れて炒め、スパゲッティのゆ
　で汁大さじ2を加える。

3 スパゲッティがゆであがったら
　フライパンに入れ、コンソメを
　加えて炒め合わせる。

4 味見をして薄いようなら塩、こ
　しょうで味をととのえ、容器に
　入れる。

068

🌙 下準備 **10**分　☀️ 調理 **15**分

ミートボールナポリタン

ナポリタンは炒めたケチャップと追いケチャップが旨みの秘訣。
麺は太ければ太いほどおいしいです。

材料(1人分)

〔ミートボールのたね〕
合いびき肉…100g
玉ねぎ(みじん切り)…10g
パン粉…大さじ2
牛乳…大さじ1
塩…小さじ1/6
マヨネーズ…小さじ1/2
トマトケチャップ…小さじ1/2

スパゲッティ(太めのもの)…100g
玉ねぎ…1/6個
ピーマン…1個
トマトケチャップ…大さじ1
塩、こしょう…少々
オリーブ油…適量
サラダ油…適量

A トマトケチャップ…大さじ2
ウスターソース…小さじ1
コンソメ(顆粒)…小さじ1
砂糖…ひとつまみ

＼ 前日の準備トレイ ／

スパゲッティ／玉ねぎ／
ピーマン／ミートボールのたね

下準備

・ボウルにミートボールのたねの
　材料を入れ、よく混ぜ合わせ
　て丸く4個に成形する。
・玉ねぎは薄切りに、ピーマンは
　細切りにする。

作り方

1 鍋にたっぷり湯を沸かし(塩は
　入れない)、沸騰したらスパ
　ゲッティをゆでる。

2 フライパンにオリーブ油を入れ
　て中火で熱し、ミートボールの
　たねを焼く。弱火にし、転がし
　ながら5〜6分焼いたら端に寄
　せ、キッチンペーパーであいた
　スペースの汚れをふきとり、サ
　ラダ油を入れて玉ねぎを炒め
　る。

3 **A**を入れて、全体を炒め合わ
　せ、水分が2/3になるくらいま
　で煮詰める。スパゲッティがゆ
　であがったらフライパンに入れ
　て、ピーマンも加えて炒め合
　わせ、トマトケチャップと塩、
　こしょうで味をととのえる。

ゴ
ロ

ゴロ

ゴロ

ゴロゴロお肉と
太めのパスタで
男前な仕上がりに!

069-085
パンのお弁当

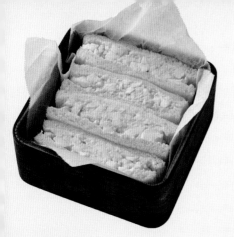

メモ

たまに食べたくなるパンのお弁当は、チープさ
がたまらない素朴な焼きそばパンから、主役
級のおかずを挟んだ豪華なハンバーガー、一
風変わったおかずパンまで勢ぞろい。パンの
具材としてはもちろんベストですが、さめても
おいしく食べられる工夫もしてあるので、ごは
んに合わせた普通のお弁当のおかずとしても
使えます。パン弁当は、お好みでスープやフ
ルーツをつけて好きにアレンジできるのも楽し
いところです。

MAYA

069

🌙 下準備 **15**分
☀ 調理 **10**分

きんぴらチキン竜田バーガー

きんぴらとお肉って、相性抜群！
照り焼きチキンときんぴらを合わせてもおいしいですよ〜。

P178の照り焼き
チキンバーガーの肉を
挟んでも美味

材料(2個分)

白パン…2個
鶏もも肉…200g
ごぼう…1本
にんじん…1/4本
酒…大さじ1
砂糖…大さじ1
水…100ml
しょうゆ…大さじ2
みりん…大さじ1
いりごま(白)…適量
片栗粉…適量
揚げ油…適量
マヨネーズ…適量
ごま油…適量

A 砂糖…小さじ1
　 しょうゆ…大さじ1
　 しょうが(すりおろし)…小さじ1
　 マヨネーズ…大さじ1

＼ 前日の準備トレイ ／

白パン／きんぴら／鶏もも肉

下準備

・鶏肉は7〜8cm角に切り、**A**に漬けておく。

・ごぼうはささがきにし、水にさらす。にんじんは千切りにする。

・フライパンにごま油を入れて中火で熱し、ごぼうとにんじんを炒める。酒と砂糖を入れて炒め合わせたら、水としょうゆ、みりんを加え、水分が飛ぶまで煮詰め、いりごまを振る。

作り方

1 鶏肉に片栗粉をまぶし、170℃に熱した揚げ油に入れて火が通るまでからりと揚げる。

2 鶏肉がさめたら、きんぴら、マヨネーズ、鶏肉の順にパンにのせ、挟む。

＊お好みで七味を振ってもおいしいです。

070

下準備 **15**分　調理 **5**分

きんぴらバンバンジードッグ

しっとりやわらかいささみときんぴらとの相性は
もちろんですが、何よりラー油が合うんです！

ごまドレッシング＋
ラー油で
代用してもうまい！

材料(2個分)

ホットドッグ用のパン…2個
鶏ささみ…2本(100g)
酒…大さじ1
塩…小さじ1/2
きんぴら…50g
サニーレタス…適量

A 砂糖…小さじ1
しょうゆ…小さじ1
ねりごま(白)…大さじ1
マヨネーズ…大さじ1
ラー油(お好みで)…小さじ1

＼ 前日の準備トレイ ／

きんぴら／サニーレタス／
ささみ／ホットドッグ用のパン

下準備

・ささみは耐熱容器に入れて酒と
塩を振り、ラップをかけて電子
レンジで3分30秒加熱し、粗熱
をとる。
・きんぴらは左ページの要領で
作っておく。

作り方

1 ほぐしたささみときんぴらに混
ぜ合わせた**A**を加え、あえる。

2 パンにサニーレタスを敷き、**1**
を入れて挟む。

071

下準備 **3**分　調理 **10**分

メキシカンホットドッグ

市販のサルサソースを使って手軽に作れるホットドッグにフレッシュ野菜をたっぷり合わせて。お好みでペッパーソースも増し増しでどうぞ。

材料(2個分)
ホットドッグ用のパン…2個
ソーセージ…4本
赤玉ねぎ…1/6個
赤ピーマン…1個
ピクルス…4本
わさび菜…適量
サラダ油…適量

A トマトケチャップ…大さじ3
　　ペッパーソース…小さじ1
　　レモン汁…小さじ1
＊タコスソースでも可

＼ **前日の準備トレイ** ／

ホットドッグ用のパン／
赤ピーマンと赤玉ねぎ／ソーセージ／
わさび菜／ピクルス

おすすめ

オールドエルパソ
のタコスソースを
かけて食べると、
さらに美味!

下準備
・赤玉ねぎと赤ピーマンは粗みじ
ん切りにする。

作り方

1 ピクルスは粗みじん切りにす
る。パンはオーブントースター
で焼く。

2 フライパンにサラダ油を入れて
弱火で熱し、ソーセージをじっ
くりと焼く。

3 パンにわさび菜を敷き、赤玉
ねぎ、赤ピーマン、ピクルス、
2のソーセージをのせて挟み、
混ぜ合わせた**A**をかける。

072

下準備 **0**分　調理 **10**分

ハムときゅうりとチーズのサンドイッチ

人気の高いハムサンドは、きゅうりの水けを
きることと、ハムの置き方がポイントです。

> きゅうりはお好みで
> **増し増しでもOK**

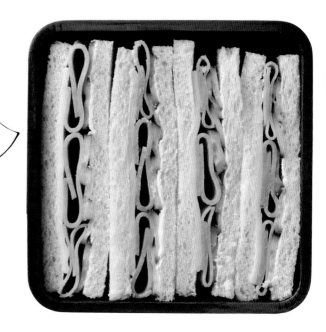

材料 (4個分)

サンドイッチ用のパン…6枚
ハム…9枚
きゅうり…1/2本
スライスチーズ…4枚
塩…少々

A ┌ マヨネーズ…大さじ2
　　├ からし…小さじ1
　　└ マーガリン…大さじ1

＼ 前日の準備トレイ ／

ハム／サンドイッチ用のパン／
スライスチーズ／きゅうり

作り方

1 きゅうりはパンの長さに合わせ
て切り、縦に薄切りにする。塩
を振って少しおいたあと、キッ
チンペーパーに挟んで水けをき
る。

2 パンの片面に混ぜ合わせた**A**
を塗り、チーズを敷き、ハム
を丸めてのせ、きゅうりをのせ
る。もう1枚のパンで挟み、半
分に切る。

パンにハムをくるっとひと巻きしたも
のを3枚のせると、断面もきれいで
食べやすくなります。

073

下準備 **10**分 　調理 **10**分

ふんわり卵サンド

昔懐かしいシンプルな卵サンド。
何個でも食べられちゃうほど飽きのこない味です。

材料(4個分)

サンドイッチ用のパン…6枚
卵…4個
マーガリン…適量

A 砂糖…ふたつまみ
　塩…小さじ1/2
　マヨネーズ…小さじ1

\ 前日の準備トレイ /

サンドイッチ用のパン／ゆで卵

下準備

・鍋に湯を沸かし、卵を入れて
10分ゆでたら冷水にとる。

作り方

1 ゆで卵の殻をむき、ボウルに
入れてしっかりとつぶし、**A**を
加えて混ぜ合わせる。

2 パンの片面にマーガリンを塗
り、**1** の卵を万遍なくのせ、
もう1枚のパンで挟む。少し時
間をおいてから半分に切る。

マヨネーズを
少なめにするのが
大事なポイント

074

☽ 下準備 **0**分　☀ 調理 **5**分

焼きそばソーセージパン

炭水化物+炭水化物、昔からある定番中の
定番ですが、突然ふっと食べたくなります。
自家製なので、紅しょうがはたっぷりめで!

材料(2個分)

ロールパン…2個
焼きそば麺(太め)…1玉
ソーセージ…4本
キャベツ…50g
紅しょうが…適量
サラダ油…適量

A 砂糖…ひとつまみ
　しょうゆ…小さじ1
　ウスターソース…大さじ1
　オイスターソース…小さじ1
　こしょう…少々
＊添付の焼きそばのタレでも可

＼ **前日の準備トレイ** ／

ソーセージ／キャベツ／焼きそば麺／
紅しょうが／ロールパン

焼きそばは、
あえて
肉なしで

作り方

1 キャベツはざく切りにする。

2 フライパンにサラダ油を入れて
中火で熱し、キャベツを炒める。
しんなりしてきたら麺を入れ、
しっかりほぐれたら**A**を入れて
よく炒め合わせる。

3 焼きそばをとり出し、同じフラ
イパンを弱火で熱し、ソーセー
ジを焦げないようにじっくりと焼
く。

4 ロールパンに焼きそばとソー
セージをのせて挟み、紅しょう
がをのせる。

075

準備 5分 調理 10分

みそ漬けチキンバーガー

鶏肉の味つけのなかでも、みそ味は大好きです。
みそチキンは、ごはんにはもちろん、パンにもピッタリ！

わさび菜じゃなくて
お好きな緑の
野菜でどーぞ

材料(2個分)

白パン…2個
鶏もも肉…200g
わさび菜(レタスでも可)…適量
七味とうがらし…適量
サラダ油…適量

A 砂糖…小さじ1
　　酒…小さじ1
　　しょうゆ…小さじ1
　　みそ…大さじ1
　　マヨネーズ…小さじ1

下準備

・鶏もも肉は大きめのひと口大に
　切り、**A**に漬けておく。

作り方

1 フライパンにサラダ油を入れ
　て弱火で熱し、鶏肉を焦げな
　いようにじっくりと焼き上げる。

2 パンにわさび菜をのせ、1の
　鶏肉をのせ、七味を振って挟
　む。

＼ 前日の準備トレイ ／

鶏もも肉／わさび菜／白パン

誰をご指名だい？

わさび菜　レタス　キャベツ

パンのお弁当

076

★ 下準備 5分
☀ 調理 10分

フィッシュパン

くせがなくておいしいたらのフライは、パンとの相性抜群。
タルタルもいいけど、ウスターソースで食べるのもオススメです。

材料 (2個分)

ホットドッグ用のパン…2個
生たら…2切れ
スライスチーズ…2枚
塩、こしょう…適量
パン粉…適量
タルタルソース…適量
揚げ油…適量

〔バッター液〕
A 小麦粉…大さじ4
卵…1個
水…大さじ2

下準備

・たらは半分に切り、塩を振って
少しおく。水分をふきとったら
塩、こしょうを振り、混ぜ合わ
せた**A**、パン粉の順に衣をつ
ける。

作り方

1 170℃に熱した揚げ油にたらを
入れて、火が通るまでからりと
揚げる。粗熱がとれたらチーズ
と一緒にパンに挟み、食べる
際にタルタルソースをかける。

\ 前日の準備トレイ /

スライスチーズ／
ホットドッグ用のパン／たら

やわらかいパンなら
時間がたっても
おいしく食べられます

077

下準備 **15**分　調理 **10**分

肉じゃが コロッケバーガー

ほっこり味の肉じゃがは、
コロッケにするとさらにおいしい！

> あえての
> ジャンクな味つけが
> 魅力

材料（2個分）

バーガー用のパン…2個
豚ひき肉…50g
じゃがいも…2個
玉ねぎ…1/6個
にんじん…1/6本
しらたき…40g
パン粉…適量
中濃ソース…適量
揚げ油…適量

A 酒…大さじ3
　　砂糖…大さじ3
　　しょうゆ…大さじ2
　　水…200ml

〔バッター液〕

B 小麦粉…大さじ4
　　卵…1個
　　水…大さじ2

＼ 前日の準備トレイ ／

バーガー用のパン／
肉じゃがコロッケ

下準備

・じゃがいもは1個を4等分に、玉ねぎはひと口大に、にんじんはいちょう切りにする。

・鍋に**A**を入れて中火で熱し、じゃがいも、玉ねぎ、にんじん、しらたきを入れる。沸騰したらひき肉を加え、あくをとり、中火でじゃがいもに火が通るまで煮込む。さめたら汁けをきってつぶす。

・パンの大きさに合わせて2個成形し、混ぜ合わせた**B**、パン粉の順に衣をつける。

作り方

1 170℃に熱した揚げ油に肉じゃがコロッケを入れて、きつね色になるまで揚げる。粗熱が取れたらパンに挟み、ソースをかける。

078

下準備 **15**分　調理 **15**分

Wチーズバーガー

赤身の牛肉との合いびき肉を使うのがポイント。
玉ねぎもたっぷりめで。

> 牛赤身肉は
> さめても
> おいしいのです

材料(1個分)

バーガー用のパン…1個
合いびき肉…200g
玉ねぎ…1/5個
ピクルス…適量
スライスチーズ…2枚
塩…小さじ1/3
こしょう…少々
ナツメグ…少々
トマトケチャップ…大さじ1
マヨネーズ…適量
マスタード…適量
サラダ油…適量

A ┌ 牛乳…大さじ2
　　├ マヨネーズ…小さじ1
　　└ パン粉…大さじ4

下準備

・ひき肉に塩とこしょう、ナツメグ
　を入れてもみ込む。
・玉ねぎはみじん切りにし、パン
　に挟む用に少しとり分けておく。
・フライパンにサラダ油を入れて
　中火で熱し、玉ねぎが透き通る
　まで炒める。
・ボウルにひき肉、粗熱がとれた
　玉ねぎ、**A**を入れてよく混ぜ合
　わせ、ハンバーグ形に成形する。

\ 前日の準備トレイ /

バーガー用のパン／
スライスチーズ／ピクルス／
玉ねぎ／ハンバーグのたね

作り方

1 フライパンに油を入れて中火
　で熱し、ハンバーグを焼く。3
　分ほど焼いたら裏返し、ふたを
　して弱火で7分ほど焼く。

2 パンの内側に軽く焼き目をつ
　け、ハンバーグ、チーズ、ハ
　ンバーグ、チーズ、ピクルス、
　みじん切りの玉ねぎの順にの
　せ、ケチャップ、マヨネーズ、
　マスタードをかけて挟む。

079

★☆ 下準備 **3**分 ☀ 調理 **10**分

レモンチキンフィレオ

給食で人気の鶏のレモン煮のタレをバーガーに合わせてみました。オイスターソースが味の決め手です。

材料(2個分)

バーガー用のパン…2個
鶏むね肉…200g
片栗粉…適量
サニーレタス…適量
揚げ油…適量

A 砂糖…小さじ1/2
しょうゆ…小さじ1
マヨネーズ…小さじ1

B 砂糖…小さじ2
しょうゆ…小さじ2
オイスターソース…小さじ2
レモン汁…小さじ2

╲ 前日の準備トレイ ╱

鶏むね肉／サニーレタス／
バーガー用のパン

下準備

・鶏肉は食べやすい大きさに切り、混ぜ合わせた**A**に漬けておく。

作り方

1 鶏肉に片栗粉をまぶし、170℃に熱した揚げ油に入れて火が通るまでからりと揚げる。

2 鍋に**B**を入れて中火で煮詰め、タレを作る。

3 パンにサニーレタス、粗熱がとれた**1**をのせ、**2**のタレをかけて挟む。

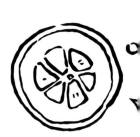

お好みで
レモン増し増しでも
美味

080

🌙 下準備 **3**分　☀️ 調理 **10**分

照り焼きチキンバーガー

イチオシのバーガーはこれ！ 玉ねぎとマヨネーズとの
相性が最高の一品。照り焼きダレはしっかり
煮詰めてからめるのがコツです。

玉ねぎは
たっぷりのせが
オススメ

材料(2個分)
バーガー用のパン…2個
鶏もも肉…200g
玉ねぎ…1/4個
サニーレタス…適量
サラダ油…適量

A 酒…大さじ1
　　砂糖…大さじ1
　　しょうゆ…大さじ1
　　みりん…小さじ2

B マヨネーズ…大さじ2
　　からし…小さじ1

前日の
準備トレイ

バーガー用のパン／鶏もも肉／
玉ねぎ／サニーレタス

下準備
・鶏肉はパンの大きさに合わせ
　て切っておく。
・玉ねぎは薄切りにする。

作り方

1 フライパンにサラダ油を入れて
　中火で熱し、鶏肉を、皮目を
　下にして弱めの中火でじっくり
　と焼く。焼き目がついたら裏返
　し、しっかりと火が通るまで焼
　く。

2 焼き上がったら余分な油をふ
　きとり、混ぜ合わせた**A**を加
　え、照りが出るまでしっかりと
　からめる。

3 パンにサニーレタスを敷き、粗
　熱がとれた鶏肉をのせ、混ぜ
　合わせた**B**をかけて挟む。

081

和風タンドリーチキンパン

前日から下味をつけておくのがおいしさのポイント。
しょうゆを使って和風味に仕上げました。
カレー粉の風味に食欲増進間違いなし！

材料(2個分)
ホットドッグ用のパン…2個
鶏もも肉…200g
赤玉ねぎ…1/6個
キャベツ…1枚
サラダ油…適量

A しょうゆ…小さじ1
　　 塩…小さじ1
　　 トマトケチャップ…大さじ1
　　 カレー粉…大さじ1
　　 ヨーグルト(加糖)…大さじ2
　　 にんにく(すりおろし)…小さじ1/2
　　 しょうが(すりおろし)…小さじ1/2

＼ **前日の準備トレイ** ／

ホットドッグ用のパン／キャベツ／
鶏もも肉／赤玉ねぎ

下準備

・鶏肉は食べやすい大きさに切
　り、フォークで穴を開け、**A**に
　漬けておく。
・赤玉ねぎは薄切りにする。
・キャベツはざく切りにする。

作り方

1 フライパンにサラダ油を入れて
　弱火で熱し、鶏肉を入れて焦
　がさないようにじっくりと焼く。
　余分な油は適宜ふきとり、同じ
　フライパンのあいたスペースに
　キャベツも入れて焼く。

2 パンに赤玉ねぎと粗熱がとれ
　たキャベツ、鶏肉を入れて挟
　む。

ケチャップをかけて
食べても美味！

082

下準備 **5**分　調理 **10**分

ライスじゃなくて
パンで挟んでも!

チキン南蛮ライスバーガー

チキン南蛮はキャベツたっぷりで!
酸味の効いたタレがおいしさの秘訣。

材料(2個分)

ごはん…300g
鶏もも肉…200g
片栗粉…適量
キャベツ…1枚
タルタルソース…適量
揚げ油…適量

A 砂糖…小さじ1/2
〳 しょうゆ…小さじ2
〵 マヨネーズ…小さじ1

B 酒…小さじ1
〳 砂糖…小さじ2
〳 しょうゆ…小さじ2
〳 みりん…小さじ2
〵 レモン汁…小さじ2

＼ **前日の準備トレイ** ／

鶏もも肉／キャベツ

下準備

・鶏肉はライスバンズの大きさに
合わせて切り、**A**に漬けておく。
・キャベツは千切りにする。

作り方

1 鶏肉に片栗粉をまぶし、170℃
に熱した揚げ油でじっくりと揚
げる。

2 鍋に**B**の材料を入れて煮詰
め、**1**の鶏肉にからめる。

3 ボウルにごはんと片栗粉小さ
じ1を入れてよく混ぜ合わせ、
4個に成形し、フライパンで両

ヘラでギュッと押しながら、
こんがり焼きあげます。

面にさっと焼き目をつける(焼
きすぎると食べるころに硬くな
るので、焼き目がつく程度で
OK)。

4 ライスバンズにキャベツと鶏肉を
挟み、タルタルソースをかける。

083

みそつくね月見ライスバーガー

大葉で挟んだみそつくねは、
月見と合わせてボリューミーに。

さっぱり大人味に
仕上げました

材料 (2個分)

ごはん…300g
片栗粉…小さじ1
鶏ひき肉(もも)…150g
卵…2個
大葉…4枚
サラダ油…適量

A ねぎ(みじん切り)…2cm分
砂糖…少々
みそ…大さじ1
めんつゆ…小さじ2
マヨネーズ…大さじ1
片栗粉…小さじ1

＼ 前日の準備トレイ ／

大葉／卵／つくねのたね

下準備

・ひき肉とAを混ぜ合わせておく。

作り方

1 肉だねを2個に成形し、大葉2枚で挟む。

2 フライパンにサラダ油を入れて弱火で熱し、1を片面4分ずつ、じっくりと焼く。

3 ボウルにごはんと片栗粉を入れてよく混ぜ合わせ、4個に成形し、フライパンで両面にさっと焼き目をつける(焼きすぎると食べるころに硬くなるので、焼き目がつく程度でOK)。

4 ライスバンズに2をのせる。卵は目玉焼きにして、のせて挟む。

084

★ ☆

下準備	調理
5分	10分

プルコギライスバーガー

もみ込むだけの簡単肉料理とあなどるなかれ！
ライスバンズとの組み合わせはいちばん推しです。

材料 (2個分)

ごはん…300g
片栗粉…小さじ1
牛もも薄切り肉…200g
玉ねぎ…1/6個
にんじん…1/10本
にら…1/4束
赤ピーマン…1/2個
いりごま(白)…適量
ごま油…適量

A 砂糖…大さじ1と1/2
しょうゆ…大さじ1
にんにく(すりおろし)…少々
豆板醤…小さじ1

※焼き肉のタレでも可

\ **前日の準備トレイ** /

にら／玉ねぎ／にんじん／
赤ピーマン／牛もも肉

下準備

・牛肉は食べやすい大きさに切り、**A**に漬けておく。
・玉ねぎは薄切りに、にんじんは短冊切りに、にらは3〜4cm長さに、赤ピーマンは細切りにする。

作り方

1 フライパンにごま油を入れて中火で熱し、牛肉と野菜を焼く。

2 ボウルにごはんと片栗粉を入れてよく混ぜ合わせ、4個に成形し、フライパンで両面にさっと焼き目をつける（焼きすぎると食べころに硬くなるので、焼き目がつく程度でOK）。

3 ライスバンズに**1**をのせ、いりごまを散らして挟む。

O85

🌙 下準備 **5**分　☀️ 調理 **15**分

しょうが焼きライスバーガー

定番のしょうが焼きも外せません。
薄焼き卵でおいしさ増し増し!

> お好みで
> マヨネーズをつけても!

材料(2個分)

ごはん…300g
豚ロース薄切り肉…150g
玉ねぎ…1/10個
キャベツ…1枚
片栗粉…適量
しょうゆ…小さじ1
サラダ油…適量

A 酒…小さじ1
　　砂糖…小さじ2
　　しょうゆ…小さじ2
　　しょうが(すりおろし)…大さじ1

B 卵…1個
　　砂糖…小さじ1/2
　　塩…少々
　　マヨネーズ…小さじ1

＼ 前日の準備トレイ ／

豚ロース薄切り肉と玉ねぎ/
卵/キャベツ

下準備

・豚肉はひとロ大に、玉ねぎは
　薄切りにし、**A**に漬けておく。
・キャベツは千切りにする。

作り方

1 フライパンにサラダ油を入れて
中火で熱し、混ぜ合わせた**B**
を入れて薄焼き卵を2枚作り、
4等分に折りたたむ。

2 フライパンにサラダ油を入れて
中火で熱し、片栗粉をまぶし
た豚肉を焼く。火が通ったらしょ
うゆを加えて煮からめる。

3 ボウルにごはんと片栗粉小さ
じ1を入れてよく混ぜ合わせ、
4個に成形し、フライパンで両
面にさっと焼き目をつける(焼
きすぎると食べるころに硬くな
るので、焼き目がつく程度で
OK)。

4 ライスバンズに卵、キャベツ、
豚肉をのせて挟む。

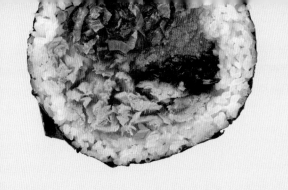

086-097

のり巻き・雑炊・
お茶漬けの
お弁当

メモ

ここからは「ごはん」がおいしいお弁当。簡単
おにぎり弁当から雑炊にお茶漬け、「こんなの
お弁当にしちゃっていいんだ!」なんて思えるア
イデアもご紹介します。具だくさんなのり巻き
はそれだけで大満足だし、サラッと食べられる
お茶漬けや雑炊は、忙しい日や食欲のない日
にも最適。ちょっと手抜きに思えるかもしれな
いけれど、お弁当って本来はおうちのごはんを
外に持ち出しただけって考えたら、こんな気楽
な日があってもいいですよね?

MAYA

086

🌙 下準備 **5**分 　 ☀ 調理 **5**分

ささみと梅の冷やし茶漬け弁当

真夏におすすめのさっぱり冷やし茶漬けは、
火を使わないので作るほうにとってもありがたい
メニューです。

材料(1人分)

ごはん…適量
鶏ささみ…2本(100g)
大葉…4枚
しその実…適量
梅干し…1個
お茶漬けの素…1袋
酒…大さじ1
塩…小さじ1/2

＼ 前日の準備トレイ ／

お茶漬けの素／ささみ／大葉／
梅干し／しその実

下準備

・ささみは耐熱容器に入れて酒と
　塩を振り、軽くラップをして電
　子レンジで3分30秒加熱し、粗
　熱をとる。

作り方

1 大葉は千切りにする。

2 ごはんを容器に入れ、ほぐし
　たささみ、**1**の大葉、しその実、
　梅干しをのせ、お茶漬けの素
　を添える。保温容器に冷やし
　た水を入れる(氷水でも可)。

3 食べる際にお茶漬けの素を振
　りかけ、水を注ぐ。

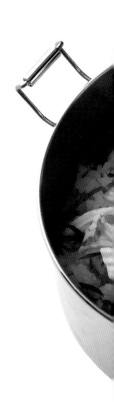

水筒に入れて
持っていく水は
キンキンの冷水が
オススメ

087

☽ 下準備 **3**分　☀ 調理 **10**分

干物茶漬け弁当

干物はどの魚を使ってももちろんOK。
漬け物やねぎとの相性も抜群です。

材料(1人分)
ごはん…適量
あじの干物…1枚
三つ葉…10g
小ねぎ…適量
梅干し…1個
柴漬け…適量
お茶漬けの素…1袋

下準備
・三つ葉はざく切りに、小ねぎは
　小口切りにする。

作り方
1 魚焼きグリルであじを焼く。

2 ごはんを容器に入れ、頭としっ
　ぽ、骨を除いてほぐした **1** の
　あじと小ねぎをのせる。三つ
　葉、梅干し、柴漬けは透明の
　カップに入れたままのせ、お
　茶漬けの素を添える。保温容
　器にお湯を入れる。

3 食べる際に透明のカップを外
　し、お茶漬けの素を振りかけ、
　お湯を注ぐ。

\ **前日の準備トレイ** /

あじの干物／お茶漬けの素／
小ねぎ／梅干しと柴漬け／三つ葉

いい湯加減〜

梅干しや漬け物は、
〜かくらい食べてから投入して
〜変にするのがいいですよー

088

下準備 **5**分 ／ 調理 **10**分

塩鮭と薬味の茶漬け弁当

ふんわりふっくら焼きあがった鮭は、キング・
オブ・お茶漬け。たっぷりの薬味と一緒に
さっぱりいただけます。

材料(1人分)

ごはん…適量
塩鮭…1切れ
三つ葉…10g
みょうが…1個
小ねぎ…2本
お茶漬けの素…1袋
酒…適量

＼ 前日の準備トレイ ／

三つ葉／お茶漬けの素／
小ねぎ／みょうが／鮭

下準備

・鮭は酒を振っておく。
・三つ葉はざく切りに、みょうが
　と小ねぎは小口切りにする。

作り方

1 鮭の水分をふきとり、魚焼きグ
　　リルで焼く。

2 1の鮭の骨をとり、食べやすく
　　切って容器に入れる。三つ葉、
　　みょうが、小ねぎは透明なカッ
　　プに入れて容器に入れる。別
　　の容器にごはんを入れ、お茶
　　漬けの素を振りかける。保温
　　容器にお湯を入れる。

3 食べる際に、ごはんに鮭と三
　　つ葉、みょうが、小ねぎをのせ、
　　お湯を注ぎ、混ぜる。

酒を振って
焼くだけで、普通の
塩鮭がめちゃ美味に!

089

 下準備 **3**分 調理 **10**分

鯛の塩昆布漬け茶漬け弁当

塩昆布の底力を再確認できる、シンプルだけどおいしいお茶漬け。野沢菜の漬け物のアクセントは外せません。

> 昆布茶と塩昆布のダブル使いで高級感ある味に昇格します

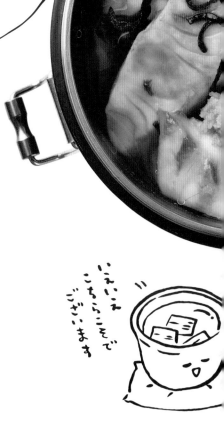

材料(1人分)

ごはん…適量
鯛の刺身…5切れ
塩昆布…大さじ1
野沢菜の漬け物…適量
昆布茶…小さじ1/2
かつおだし(粉末)…ひとつまみ
しょうゆ…小さじ1
湯…300ml
わさび…適量

\ 前日の準備トレイ /

鯛／野沢菜の漬け物

いえいえこちらこそでございます

下準備
・鯛と塩昆布は混ぜ合わせておく。
・野沢菜は1cm長さに切る。

作り方
1 鯛は魚焼きグリルで塩昆布ごと5分焼く。

2 ごはんを容器に入れ、1の鯛と野沢菜、わさびをのせる。保温容器にお湯、昆布茶、かつおだし、しょうゆを入れ、食べる際にごはんにかける。

この度はよろしくお願い申し上げます

下準備 **40**分　調理 **5**分

鶏飯弁当

奄美出身の鶏飯は、お茶漬け弁当のなかでも
いちばん人気。色とりどりの具材で、目にもお
いしい一品です。

<u>**材料**</u>(1人分)

ごはん…適量
鶏もも肉…100g
しいたけ…1個
小ねぎ…2本
きゅうりの漬け物…適量
ねぎ(青い部分)…10cm
しょうが…1かけ
紅しょうが…適量
めんつゆ(希釈したもの)…大さじ1
砂糖…ひとつまみ
水…600ml
サラダ油…適量

A 卵…1個
〳 砂糖…小さじ1/2
〳 塩…ひとつまみ

B 鶏ガラスープの素…小さじ1
〳 昆布茶…小さじ1

\ 前日の準備トレイ /

鶏もも肉/卵/鶏のゆで汁/
しいたけ/小ねぎ/紅しょうが/
きゅうりの漬け物

夏は冷スープ、冬は温スープでめしあがれ〜

下準備

・鍋に水とねぎの青い部分、しょうがを入れて沸騰させ、鶏肉をゆでる。弱火で15分ゆでたら火を消して、ふたをして20分おく（ゆで汁はとっておく）。
・小ねぎは小口切りにする。

作り方

1 しいたけは軸を切り落として薄切りにする。耐熱容器にしいたけとめんつゆと砂糖を入れて、電子レンジで1分加熱する。

2 〔錦糸卵を作る〕フライパンにサラダ油を入れて弱火で熱し、混ぜ合わせた**A**を流し入れて薄く広げる。ふたをして1分焼いたら火を止め、余熱で火を通す。とり出して幅をそろえて重ね、端から細切りにする。

3 鍋に鶏のゆで汁300mlと**B**を入れて温め、保温容器に入れる。ごはんを容器に入れ、食べやすくほぐした鶏肉としいたけ、錦糸卵、きゅうりの漬け物、紅しょうが、小ねぎをのせる。食べる際に、保温容器のだしをかける。

091

☽ 下準備 **0**分　☀ 調理 **10**分

スパムむすび弁当　卵スープ添え

大人気のスパムむすびは、そっと忍ばせたマヨネーズがいい仕事してます。
照り焼き味で、白ごはんとの相性もバッチリです。

材料（2個分）

ごはん…適量
スパム…1cm幅のものを2切れ
サニーレタス…2枚
焼きのり…全形1/3枚
マヨネーズ…大さじ1
サラダ油…適量

A 卵…1個
　　砂糖…小さじ1/2
　　塩…少々
　　マヨネーズ…大さじ1

B 酒…小さじ1
　　砂糖…小さじ1と1/2
　　しょうゆ…小さじ1
　　みりん…小さじ1

〔卵スープ〕
卵…1個
コーン…1/2缶
鶏ガラスープの素…小さじ2
塩、こしょう…少々
水…300ml

C 片栗粉…小さじ2
　　水…大さじ1

\ **前日の準備トレイ** /

焼きのり／卵／サニーレタス／
スパム／コーン

スパムは
厚切りハムにしても
超美味～

作り方

1 フライパンにサラダ油を入れて中火で熱し、混ぜ合わせた**A**を薄く広げて焼く。粗熱がとれたらスパムの幅に折りたたみ、切る。

2 **1**のフライパンをさっと拭き、スパムを焼き目をつけながら焼き、混ぜ合わせた**B**を加えて味つけし、冷ましておく。

3 スパムの幅にそろえて握ったごはんの真ん中にくぼみを作り、マヨネーズ、**1**の卵焼き、サニーレタス、スパムの順におき、のりで巻いてラップでくるむ。

4 鍋に水を入れて沸騰させ、コーンと調味料を加える。混ぜ合わせた**C**を入れてとろみをつけ、卵を溶き入れ、保温容器に入れる。

092

下準備 **5**分 ／ 調理 **10**分

焼き肉屋さんの卵スープ弁当

行きつけの焼肉屋さん（某チェーン店・安○亭）が
大好きな私が作る定番卵スープでございます。

材料(1人分)
ごはん…適量
卵…1個
大根…1cm
にんじん…10g
ねぎ(青い部分)…5cm
しいたけ…1個
姫たけのこ…2本
鶏ガラスープの素…小さじ2
塩、こしょう…少々
水…300ml

＼ 前日の準備トレイ ／

ねぎ／にんじん／大根／
卵／姫たけのこ／しいたけ

下準備
・大根はいちょう切りに、にんじんは短冊切りに、ねぎは斜め薄切りに、しいたけは軸を切り落として薄切りにする。

作り方
1 姫たけのこは食べやすい大きさに切る。

2 鍋に水を入れて沸騰させ、沸いたら大根、にんじん、しいたけ、姫たけのこを入れて煮込み、鶏ガラスープの素と塩、こしょうを加えて味をととのえる。

3 2に卵を溶き入れてかき混ぜる。保温容器に入れ、ねぎを加える。

4 ごはんを添え（おにぎり状にしておくと崩れにくい）、食べる際に汁に入れる。

雑炊はもちろん、
うどんのつけシナでも
イケます

093

準備 5分　調理 10分

牛バラ肉とキムチスープ弁当

行きつけの焼肉屋さん（某チェーン店・安○亭）が
大好きな私が作る定番辛いスープでございます。

材料(1人分)

ごはん…適量
牛バラ肉…50g
卵…1個
ねぎ…5cm
しめじ…25g
キムチ…50g
ラー油…適宜
ごま油…適量
水…300ml

A 鶏ガラスープの素…小さじ2
コチュジャン…小さじ1

\ 前日の準備トレイ /

牛バラ肉／しめじ／キムチ／
ねぎ／卵

ラー油で
辛みを足すのも
オススメ!

レシピでは
1辛くらいだから、
3辛、4辛……
お好みでどうぞ

下準備
・牛肉は食べやすい大きさに切る。
・ねぎは斜め切りに、しめじは根元を切り落として小房に分ける。

作り方

1 フライパンにごま油を入れて中火で熱し、牛肉、キムチを炒め、肉に色がついたらしめじを加えてさらに炒める。水と**A**を加え、ひと煮立ちしたら卵を溶き入れる。

2 保温容器に**1**とねぎを入れ、お好みでラー油を加える。ごはんを添え（おにぎり状にしておくと崩れにくい）、食べる際に汁に入れる。

094

下準備 🌙 10分 **調理** ☀️ 10分

王道キンパ

これひとつで栄養たっぷり！　ごま油の風味で
食欲増し増し。主菜なしで大丈夫というか、
これが主菜というかなんというか。

材料(1人分)

ごはん…220g
牛もも薄切り肉…100g
魚肉ソーセージ…1/2本
カニかま…3本
にんじん…1/6本
ほうれん草…2株
たくあん…適量
焼きのり…2枚
いりごま(白)…適量
焼肉のタレ…大さじ1
しょうゆ…小さじ1/2
塩…適量
ごま油…適量

下準備

・牛肉は食べやすい大きさに切り、焼き肉のタレにつけておく。
・にんじんは千切りにしてごま油でしんなりするまで炒め、塩少々とごまをふっておく。
・ほうれん草は切らずにゆでて、塩少々、ごま油小さじ1、しょうゆで味つけしておく。
・魚肉ソーセージ、たくあんは細長く切る。

作り方

1 ごはんに塩少々とごま油小さじ1/2を入れて混ぜ合わせる。

2 フライパンにごま油を入れて中火で熱し、牛肉を焼く。

3 巻きすにのりを1枚のせ、ごはんの半量を薄く広げてのせる。2の牛肉とそのほかの具材を適量ずつ順番にのせて、巻いて形を整える。

4 1cm幅に切り、容器に詰める。（余った端っこは朝ごはんに食べる）

╲ 前日の
準備トレイ ╱

焼きのり／牛もも薄切り肉／カニかま／にんじん／たくあん／魚肉ソーセージ／ほうれん草

巻き方はコレ

1

断面を想像しながら、具をきれいに並べる。

メインの牛肉は豚肉にしても◎、
ツナや甘い卵焼きにしても◎
アレンジは無限大〜

の端を指先で押さえな
、両方の親指で巻きす
ち上げる。

3

一気にぐるっとひと巻きした
ら、巻き終わりをグッと押さ
える。

4

巻きながらところどころで
ギュッと押さえ、最後まで巻
く。

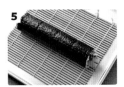

5

端から具材が飛び出るよう
に巻くと、端っこの断面もき
れいになります。

095

下準備 **0**分　調理 **15**分

具だくさんサラダ巻き

サラダをたっぷり使って巻き寿司にすると、
カロリーオフされてる気がします。
だからこれはカロリーゼロ。

材料(1人分)

ごはん…適量
シーチキン…1缶
カニかま…50g
サニーレタス…4枚
きゅうり…1本
砂糖…ひとつまみ
マヨネーズ…大さじ1
焼きのり…全形2枚
寿司酢…適量
ごま油…適量

A 卵…1個
　　砂糖…小さじ1/2
　　塩…少々
　　マヨネーズ…小さじ1

\ **前日の準備トレイ** /

焼きのり／きゅうり／卵／サニーレタス／
シーチキン／カニかま

作り方

1 ごはんに寿司酢を混ぜ合わせ、さます。

2 シーチキンは汁けをきり、砂糖とマヨネーズを混ぜ合わせる。

3 きゅうりは縦に4等分に切る。

4 フライパンにごま油を入れて中火で熱し、**A** を混ぜ合わせて卵焼きを作る。粗熱がとれたら細長く切る。

5 巻きすにのりを1枚のせ、**1** のごはんを薄く広げてのせる。そのほかの具材を適量ずつ順番にのせて、巻いて形を整える。

6 1cm幅に切り、容器に詰める。（余った端っこは朝ごはんに食べる）

ふた口で食べることを
想定してきゅうりはふたつ
巻き込んでます！
シャキッと歯ごたえが
たまりませぬ

096

4種の爆弾おにぎり
えのきだけととろろ昆布のみそ汁添え

発祥がどこかは諸説ありますが、初めて
食べたときの衝撃は忘れられません。
種子島のエブリワンから!

材料(1個分)

ごはん…適量
甘塩鮭……1切れ
明太子…適量
高菜の漬け物…50g
昆布のつくだ煮…適量
焼きのり…全形1枚
酒…適量
ごま油…適量

A しょうゆ…小さじ1/2
みりん…小さじ1/2

〔みそ汁〕
えのきだけ…20g
とろろ昆布…適量
みそ…適量
だし…200ml

\ 前日の準備トレイ /

焼きのり／甘塩鮭／えのきだけ／高菜／
とろろ昆布／昆布のつくだ煮／明太子

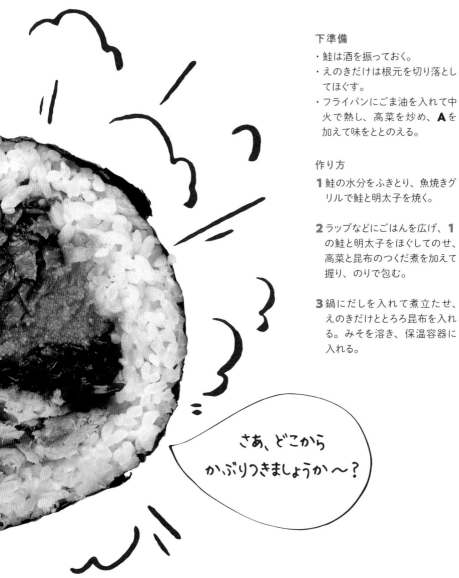

下準備
・鮭は酒を振っておく。
・えのきだけは根元を切り落としてほぐす。
・フライパンにごま油を入れて中火で熱し、高菜を炒め、**A**を加えて味をととのえる。

作り方

1 鮭の水分をふきとり、魚焼きグリルで鮭と明太子を焼く。

2 ラップなどにごはんを広げ、**1**の鮭と明太子をほぐしてのせ、高菜と昆布のつくだ煮を加えて握り、のりで包む。

3 鍋にだしを入れて煮立たせ、えのきだけととろろ昆布を入れる。みそを溶き、保温容器に入れる。

さあ、どこから
かぶりつきましょうか～？

...タンな握り方

...らサイズの小さめの...レにラップ、ごはん、...頃で入れる。

1をラップごととり出して丸く握り、正方形ののりの上にのせる。

写真のように、のりの端と端を合わせて包んでいく。

全体をのりで包んだら再度ラップに巻き、のりとごはんを定着させる。

097

★☆ 下準備 **10**分
☀ 調理 **15**分

塩さばと菜飯のおむすび弁当 車麩のみそ汁添え

菜飯と魚の組み合わせは私の大好物です。
菜葉は漬け物でも代用可能、魚ももちろんお好きな干物で!

材料(1人分)

ごはん…適量
塩さば(骨とり)…1枚
卵…1個
かぶ(葉つきのもの)…1個
酒…小さじ1
みりん…小さじ1
塩…少々

A 酢…小さじ1/2
昆布茶…小さじ1/2
赤とうがらし(種をとって輪切り)…1本

〔みそ汁〕
車麩…1個
みそ…適量
だし…200ml

下準備

・鍋に湯を沸かし、冷蔵庫から取り出した卵を入れて9分ゆで、冷水にとる。
・かぶの葉は細く刻み、塩を振っておく。かぶは食べやすい大きさに切り、**A**に漬けておく。

作り方

1 塩さばは酒とみりんに漬けて少しおいたら水分をふきとり、魚焼きグリルで焼く。

2 かぶの葉はしっかり水けをしぼる。ごはんにほぐしたさばとかぶの葉を混ぜて、おにぎりにする。

3 鍋にだしを入れて煮立たせ、水で戻した車麩を入れる。みそを溶き、保温容器に入れる。

＼ **前日の準備トレイ** ／

塩さば／車麩／かぶの葉／かぶ／ゆで卵

お好みでのりを
巻いても美味！
かぶの葉の
歯ごたえが絶妙

お弁当の米問題につい〔

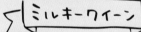

ななつぼし

北海道生まれのななつぼし〔
ツヤと粘りと甘みのバランスか〔
てもよく、どんなおかずとも相〔
がいい！　もちろん、さめても〔
いしいので時間がたっても安〔
して食べられます。

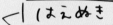

ミルキークイーン

もち米に近い、モチモチとした食
感が特長のミルキークイーン。さ
めても硬くならないので、お弁
当にぴったり。コシヒカリの突然
変異として生まれた品種だそうで
す。

はえぬき

山形県出身のはえぬきは、後味
があっさり、お米ひと粒ひと粒が
立っていて、粘りと硬さのバラン
スが絶妙。我が家では、おにぎ
りにするときはこのお米を使うこ
とが多いです。

弁当の主役はおかず？　いえいえ、いちばん大切な
はお米です！　いくらおかずがおいしくても、ごはん
カピカピのパサパサじゃ台なし。ここでは私の経験
、お弁当に推し！のお米を紹介します。

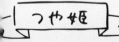

あきたこまち

コシヒカリに、奥羽292号という
品種をかけ合わせて誕生したと
いうこのお米。旨み、甘み、粘
りのバランスがよく、水分量が多
めでパサつきにくいのでお弁当
向き。

ゆめぴりか

北海道出身のゆめぴりかは、ツ
ヤのよさに加え強い粘りと甘み
が特長のお米。かめばかむほど
そのおいしさが感じられ、さめて
もおいしいのでお弁当向きです。

つや姫

形県出身のつや姫は、粘りと
みが強いお米。炊きあがりの
ヤや見た目の美しさは、まさ
「姫」という名がぴったりかも。
が家でいちばん多く使っている
米です。

098

ハレの日弁当 ①

幕の内弁当

特別な日には、おかずがたくさん詰まった
お弁当もうれしいですよね。ここぞという日に
作りたくなるお弁当です。

お弁当の
人気おかず、
全部入り!

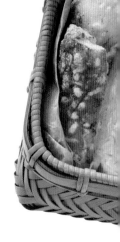

豆腐ハンバーグ

材料(1人分)

豚ひき肉…50g
木綿豆腐…50g
ねぎ(みじん切り)…10g
めんつゆ…小さじ1
塩…小さじ1/5
サラダ油…適量

A しょうゆ…小さじ1
みりん…小さじ1
片栗粉…小さじ1/2
しょうがのしぼり汁…小さじ1

下準備

・豆腐は水切りし、ひき肉、ねぎ、
めんつゆ、塩を混ぜ合わせて
成形する。

作り方

1 フライパンにサラダ油を入れて
中火で熱し、豆腐ハンバーグ
を焼く。片面3分焼いたら裏返
し、弱火で5分焼く。火が通っ
たら**A**を入れて煮からめる。

前日の
準備トレイ

卵／豆腐ハンバーグのたね／青のり／ちくわ／
さわら／にんじん／ほうれん草／かまぼこ

さわらのしょうゆ焼き

材料(1人分)

さわら…1切れ
塩…適量
酒…適量

A 酒…小さじ1
しょうゆ…小さじ1
みりん…小さじ1

ほうれん草と
にんじんのしょうがあえ

材料(1人分)

ほうれん草…1株
にんじん…10g

A だししょうゆ…小さじ2
〜 しょうが(すりおろし)…小さじ1

下準備

・ほうれん草はゆでて3〜4cm長
　さに切る。にんじんは千切りに
　して、30秒ほどゆでる。

作り方

1 ほうれん草とにんじんを、Aで
　あえる。

ちくわ天

材料(1人分)

ちくわ…1本
揚げ油…適量

A 天ぷら粉…適量
〜 青のり…小さじ1
　 昆布茶…少々

作り方

1 ちくわはAをまぶし、少量の油
　で揚げ焼きにする。

卵焼き

材料(1人分)

ごま油…適量

A 卵…1個
〜 砂糖…小さじ1/2
　 マヨネーズ…小さじ1
　 昆布茶…小さじ1/2

作り方

1 フライパンにごま油を熱し、混
　ぜ合わせたAを入れて卵焼き
　を作る。

下準備

・さわらは塩を振って水分をふき
　とり、酒を振る。再び水分をふ
　きとり、Aに漬けておく。

作り方

1 さわらの水分をふきとり、魚焼
　きグリルで8分ほど焦げないよ
　うに焼く。

ハレの日弁当②

いろいろおむすび弁当

いつもよりちょっと手間はかかりますが、運動会
やハイキングなどにオススメなおにぎり弁当です。

明太子おにぎり

材料(1人分)

ごはん…適量
明太子…1腹
焼きのり…全形1/3枚

作り方

1 明太子は魚焼きグリルで4分ほ
ど焼く。のりは半分に切る。

2 ひと口大に丸めたおにぎりに
明太子をのせ、のりを巻く。

ゆかりおにぎり

材料(1人分)

ごはん…適量
ゆかり…少々
野沢菜の漬け物…1枚

作り方

1 ごはんにゆかりを混ぜ、三角
形に握る。

2 細長く切った野沢菜で**1**を巻
く。

塩天むす

材料(1人分)

ごはん…適量
えび…3尾
ほたて…3個
焼きのり…全形1枚
天ぷら粉…適量
昆布茶…適量
片栗粉…適量
塩…少々
揚げ油…適量

下準備

・えびは殻をむいて背ワ
タをとり、片栗粉と塩を
もみ込んで汚れとくさみ
を落とす。

**前日の
準備トレイ**

焼きのり／ゆかり／野沢菜の漬け物／
きゃらぶきのつくだ煮／えび／明太子／ほたて

作り方

1 えび、ほたては水で溶いた天ぷら粉にくぐらせ、170℃に熱した揚げ油でからりと揚げる。

2 ひと口大のおにぎりを6個作り、天ぷらをのせて昆布茶を振る。のりを6等分に切り、えびは横から、ほたては天ぷらごと巻きつける。

かわいい巻き方はコレ!

1
ひと口大のごはんを、平らにして置く。

2
えびをのせて、1の半量のごはんを上からかぶせる。

3
全形ののりを6等分に切り、のりの真ん中に2をのせる。

4
片方ののりを巻きつける。おひなさまの着物をイメージして。

5
もう片方ののりも巻きつけ、手で形を整えてできあがり。

スペシャル

100

下準備 **0**分 　調理 **5**分

ケの日弁当

寝坊した日のハムエッグとキャベツ丼

ただ目玉焼きを作っただけではございません。
しょうゆを投入するタイミング、キャベツの炒め加減、
手抜きといっても計算されたお弁当なのです（ハイ、言い訳）。

材料(1人分)

ごはん…適量
ハム…2枚
卵…1個
キャベツ…2枚
塩、こしょう…少々
顆粒だし…少々
だししょうゆ…小さじ1
ごま油…適量

作り方

1 キャベツは太めの千切りにする。

2 フライパンにごま油を入れて中火で熱し、キャベツを炒め、塩、こしょうと顆粒だしで味つけし、とり出す。

3 フライパンにハムを入れて焼き、とり出しておく。卵を割り入れ、弱めの中火で3分ほど焼いたらふたをして1分焼き、ハムを戻し入れてだししょうゆを煮からませる。

4 ごはんを容器に入れ、キャベツ、ハム、目玉焼きをのせる。

スーッ…

ヤッチマッタナ〜

ネボウダナ〜

焦がししょうゆの香ばしさで
食欲倍増間違いなし

MAYA 推奨欄 ⑤

お弁当箱について

―〈 鳥越ケケ細工 〉―
すずケケ弁当かご

サンドイッチにおにぎりにと大活躍なのが、
こちらのお弁当箱。深すぎず、浅すぎず、ちょ
うどよく使いやすいのがお気に入りです。何
より、とても軽いので小さな子どもの遠足な
どにもぴったり！

―〈 くみよし漆器本舗 〉―
曲げわっぱ キッズ ミニ 弁当箱
350ml 1段

容量が350mlの子どもサイズのお弁当箱。ダ
イエット中の大人にもちょうどいい大きさ。こ
のお弁当箱のお気に入りポイントは、浅いと
ころ。底上げの工夫などの必要がないので、
おかずが詰めやすいのです。

―〈 くみよし漆器本舗 〉―
曲げわっぱ 丸 弁当箱 桜漆塗
640ml 1段

こちらのわっぱは、娘がひと目ぼれして購入したお気
に入りの一品。ほかのお弁当箱より少し深さがあるの
で、たくさん食べたいときや丼ものなどを入れるのに使
いやすいです。

××××年△月☆日 最終号
発行：お弁当委員会

年のお弁当作りのなかで、私がとくに気に入って
っている6つのお弁当箱をご紹介。見た目のかわい
しさ、詰めやすさ、持ち運びやすさなど、どれをとっ
も優秀なものばかりです！

＜杉の木クラフト＞
正方形弁当箱

方形のお弁当箱って、とにかくばえます
）。我が家では出番がいちばん多いかも。
のお弁当箱も浅めなので、詰めやすさも
群。ごはんとおかず3品くらいがきれいに
まる優秀な一品です。

＜ZEBRA＞
フードキャリア2段（14cm）

麺弁当に大活躍のゼブラ。種類がたくさんあ
りますが、私にはこの大きさがとくに使いや
すいです。ふたの持ち手が違うバージョンも
ありますが、扱いやすさの点でこちらの品に
軍配が上がりました。

＜ユウノケケ工房＞
あきらの弁当箱

こちらのお弁当箱は、まさにスペシャルな一
品！ 模様の美しさはもちろん、オーダーでサ
イズなども細かく応えていただける心遣いな
ど、もう最高のひと言。一つひとつ丁寧に手
仕事で作られています。

ホームページで
オーダーできますよ！

レシピを考えて料理を作った人
……MAYA

撮影の準備、買い出しの手伝いをしてくれた人
……MAYUMI

あまりにも急な買い出しを担当してくれた人
……KIYOSHI

企画を考えて編集した人
……天野由衣子（コサエルワーク）

構成を考えて編集した人
……松島由佳（コサエルワーク）

スーパーアシスタント
……島袋圭月

P175のWチーズバーガーのパテを作った人
……丸の内

本全体のデザインを考えた人
……原てるみ（mill inc.）

本文デザイン＆イラストを描いた人
……大野郁美（mill inc.）

文字の修正をしてくれた人たち
……ユーホーワークス

撮影と味見を担当した人
……タカシミズ

校正と校閲を担当してくれた人
……柳元順子

一生おいしいお弁当

2020年4月13日　初版第1刷発行

著　者　MAYA

発行人　天野由衣子
発行所　株式会社コサエルワーク
　　　　〒101-0031　東京都千代田区東神田2-10-17
　　　　東神田INビル2階
　　　　TEL：03-5846-9770
　　　　E-mail:info@cosaelwork.co.jp

発売所　株式会社出版文化社
　　　　〈東京本部〉　〒104-0033　東京都中央区新川1-8-8
　　　　アクロス新川ビル4階
　　　　TEL：03-6822-9200　FAX:03-6822-9202
　　　　E-mail:book@shuppanbunka.com

　　　　〈大阪本部〉　〒541-0056　大阪府大阪市中央区久太郎町3-4-30
　　　　船場グランドビル8階
　　　　TEL：06-4704-4700（代）　FAX:06-4704-4707

　　　　〈名古屋支社〉　〒456-0016　愛知県名古屋市熱田区五本松町7-30
　　　　熱田メディアウイング3階
　　　　TEL：052-990-9090（代）　FAX:052-683-8880

印刷・製本　株式会社光邦

©MAYA 2020 Printed in Japan
ISBN978-4-88338-672-7-C0077

●乱丁・落丁本はお取り替えいたします。本書の無断複製・転載を禁じます。
●本書に関するお問い合わせは、出版文化社東京本部までご連絡ください。
●定価はカバーに表示してあります。
●出版文化社の会社概要および出版目録はウェブサイトで公開しております。
　また、書籍の注文も承っております。→https://www.shuppanbunka.com/